文化旅游产业发展及文旅融合实践研究

朱建民◎著

文化发展出版社
Cultural Development Press
·北京·

图书在版编目（CIP）数据

文化旅游产业发展及文旅融合实践研究 / 朱建民著 . 北京 ：文化发展出版社，2024. 7. -- ISBN 978-7-5142-4393-2

Ⅰ . F592.3

中国国家版本馆 CIP 数据核字第 2024WQ9372 号

文化旅游产业发展及文旅融合实践研究

朱建民　著

出 版 人：宋　娜

责任编辑：袁兆英　　　　责任校对：岳智勇

责任印制：邓辉明　　　　封面设计：守正文化

出版发行：文化发展出版社（北京市翠微路 2 号　邮编：100036）

网　　址：www.wenhuafazhan.com

经　　销：全国新华书店

印　　刷：天津和萱印刷有限公司

开　　本：710mm × 1000mm　1/16

字　　数：220 千字

印　　张：11

版　　次：2025 年 1 月第 1 版

印　　次：2025 年 1 月第 1 次印刷

定　　价：72.00 元

I S B N：978-7-5142-4393-2

前 言

文化旅游产业的发展凝聚了社会各界的共同关注和努力。作为现代服务业的重要组成部分，文化旅游产业在推动经济增长、促进就业、提高生活质量以及传承和弘扬优秀文化遗产等方面发挥着重要作用。它既是文化的传播者和推广者，也是旅游需求的满足者和创造者。随着经济全球化进程的不断推进，人们的旅游消费观念和需求也发生了巨大的变化。传统的旅游产品已不能满足人们对独特和个性化体验的追求，因此，文化旅游产业应运而生，并呈现出蓬勃发展的势头。随着旅游市场逐渐向多元化和个性化发展，文化产业和旅游产业融合创新的发展路径越来越引起学术界和产业界的关注。文旅融合意味着将传统的文化产业与旅游产业进行有机结合，以创造出丰富多样的文化旅游产品。将文化要素融入旅游产品的设计和营销中，可以为游客提供独特而深入的旅游体验，丰富旅游的内涵，提升游客的满意度和忠诚度。同时，文化旅游产业的发展为传统文化赋予了新的生命力，提升了文化创意的转化和利用效率，促进了文化产业的可持续发展。然而，文化旅游产业的发展也面临着一系列的挑战。一方面，传统的文化产业和旅游产业之间存在着不同的发展逻辑和经营模式，要实现二者的融合需要克服体制机制分割、资源整合和协同创新等方面的困难。另一方面，由于文化旅游产业的特殊性和复杂性，其发展过程中也常常面临着文化保护与商业运作的平衡、文化与经济的发展冲突、人才培养与交叉学科的探索等挑战。为了更好地推动文化旅游产业的发展和文旅融合实践，有必要对其进行深入研究和实践探索。

本书共六章。第一章为文化旅游产业概述，分别介绍了文化旅游及文旅融合相关概念，文化产业、旅游产业与文化旅游产业，文化和旅游产业融合发展的重要意义和研究价值三个方面的内容。第二章为文化旅游产业发展现状与趋势，主要介绍了三个方面的内容，依次是文化旅游产业发展背景、文化旅游产业发展现状、文化旅游产业发展趋势。第三章为文化旅游产业的资源开发与经营管理，分别介绍了两个方面的内容，依次是文化旅游产业资源的开发、文化旅游产业的经营与管理。第四章为文化和旅游产业融合发展机制研究，依次介绍了文化和旅游产业融合发展的模式、文化和旅游产业融合发展的路径两个方面的内容。第五章为我国部分地区的文旅融合实践与创新，主要介绍了七个方面的内容，分别是华北地区的文旅融合实践与创新、华东地区的文旅融合实践与创新、华南地区的文旅融合实践与创新、西北地区的文旅融合实践与创新、中南地区的文旅融合实践与创新、西南地区的文旅融合实践与创新、东北地区的文旅融合实践与创新。第六章为文旅融合发展的策略与展望，主要介绍了两个方面的内容，分别是文旅融合发展策略与建议、文旅融合发展结论与展望。

在撰写本书的过程中，作者参考了大量的学术文献，得到了许多专家学者的帮助，在此表示真诚感谢。本书内容系统全面，论述条理清晰、深入浅出，但由于作者水平有限，书中难免有疏漏之处，希望广大同行及时指正。

朱建民

2023 年 11 月

目 录

第一章　文化旅游产业概述

本章为文化旅游产业概述，分别介绍了文化旅游及文旅融合相关概念，文化产业、旅游产业与文化旅游产业，文化和旅游产业融合发展的重要意义和研究价值三个方面的内容。

第一节　文化旅游及文旅融合相关概念

一、文化

学术界关于文化的概念可细分为广义和狭义两种。从广义上来讲，文化以其独特的形态和内涵，显现为人类社会实践过程中创造出的无形（精神）与有形（物质）的财富汇总。从狭义上来讲，这一概念主要涵盖了精神生产的力量以及由此诞生的众多精神产品，如深邃的自然科学探索、前沿的技术科学成就、多元的社会意识形态表达，以及教育、科学、艺术等领域的高深知识与先进设施。

作为一种复杂的社会现象及历史现象，文化不仅是国家与民族长期创造活动的成果，更是社会进步与历史沉淀的体现，它在物质文明中得以体现，又在物质之外独立存在，成为一种跨越时空的、可被传承和传播的意识形态。文化中蕴含的思维方式、价值观念、生活方式及行为规范等，构成了人类互相交流、共同认可的精神纽带，是对外在世界的知识与经验进行感性升华的重要渠道。

二、旅游

旅游作为一种深受个人喜好驱动的探索活动，旨在挖掘那些未被充分了解的目的地，以期获得非凡且独一无二的体验。它不仅仅是一种简单的外出活动，更是一种能够让人们暂时脱离日常生活压力，实现心灵放松和能量恢复的情绪消费方式。通过旅游，人们不仅可以获得新的能力、视角和体验，还能够深化对世界的认知和理解。在当今社会，旅游已不仅仅是一项休闲活动，它已经成为一种全新的学习方式、成长途径和生活态度。旅游业作为一种综合性产业，对经济的带动作用显著，同时，它也是文化保护、传承与传播的重要途径，有助于增进不同文化之间的理解和尊重。

旅游集旅行与游览于一体，不仅包括在物理上的移动，还包含观光、娱乐等多重元素，为人们提供了丰富多彩、形式多样的体验机会。旅游指的是非定居者因旅行和暂时居留所引发的一系列现象及相关关系的综合体现。这些游客不会在目的地长期居留，且其主要活动不以谋取经济利益为目的。

三、文化旅游

最早提出“文化旅游”这一专用概念的是美国学者罗伯特·麦金托什（Robert W.MacIntosh）。他在《旅游学：要素·实践·基本原理》一书中提出该概念，并将其作为书中一章的标题。他认为文化实际上概括了旅游的各个方面，人们可以借助它来了解彼此的生活和思想。世界旅游组织从狭义与广义两个方面给出了文化旅游的定义。

在狭义上，文化旅游被界定为个体为了满足其基本的文化需求所参与的活动，涵盖了包括但不限于学术考察旅游、表演艺术巡游、各类节庆活动、对文化遗迹的探访、体验民俗与习俗等多种形式。

在广义上，文化旅游指的是个人出于对知识增长、文化素养提升和体验多样化生活方式的追求而参与的一系列活动。这些活动不仅局限于传统旅游范畴，更涵盖通过旅行拓宽知识领域、丰富人生阅历及提升社交能力的多维价值。

欧洲旅游与休闲教育协会在参照了多种有关定义后给出了文化旅游的双重定义：一是概念性定义，指人们离开他们的日常居住地，为获得新的信息与体验来满足他们的文化需求而趋向文化景观的移动；二是技术性定义，指人们离开他们的常住地，到文化吸引物所在地，如历史遗迹、艺术与文化表演地、艺术与歌剧表演等地的一切移动。

文化旅游被某些人士理解为那类偏好于体验文化事务的游客所进行的旅行，不仅涵盖了常规的遗迹旅游领域，还囊括了诸多方面，如艺术、文化信仰、地方习俗等多个方面。这包含了品尝地方特色美食、欣赏本土音乐、戏剧和舞蹈表演等活动。除此之外，对自然历史的探索、探寻旅行目的地动植物生态的生态旅游、参与及观赏体育活动和赛事的体育旅游及农业旅游等，也都被视为文化旅游的组成部分。

在《国际文化旅游宪章》中，国际古迹遗址理事会对文化旅游进行了明确的界定。根据该宪章，文化旅游主要聚焦于文化及其环境，这一环境囊括了目的地的自然风光、文化价值观和生活方式、文化遗产、视觉艺术和表演艺术、工业遗产、当地的传统及居民或东道主社区的休闲娱乐活动。文化旅游的活动范围广泛，包括但不限于参加文化活动、参观博物馆与历史遗迹，以及与当地社区居民进行深入交流。它旨在为游客提供一种在其日常生活环境中无法体验到的独特文化感受，而不应仅仅被定义为旅游活动一种类别。

国内对于文化旅游的研究起步较晚。学术界从 1981 年开始认识到文化在旅游过程中的重大作用，认为旅游业是文化性的经济事业，或者说是文化型产业。在 20 世纪 80 年代末 90 年代初，我国开始开展文化旅游研究。依据国外一些权威机构对这方面的研究，国内学者开始了对文化旅游的研究。国内最早提到“文化旅游”这个概念的是魏小安的《旅游发展与管理》① 一书，他没有明确界定文化旅游的概念，只是提到对于旅游者来说，旅游活动是经济性很强的文化活动。随着世界范围内文化旅游产业的长足发展，国内对文化旅游的研究也逐步成为一个热点。

归纳起来，目前国内对文化旅游的认识大概可以分为三类。

第一类是活动说。活动说认为，文化旅游是人们通过旅游或者在旅游过程中了解和获取知识的活动。文化旅游是以旅游文化为消费产品，旅游者用自己的审美情趣，通过对艺术的审美感知和对历史的回顾，在精神上与文化上得到全方位享受的一种旅游活动，包括历史文化旅游、建筑文化旅游、园林文化旅游、民俗文化旅游、饮食文化旅游。文化旅游作为一种特殊的旅游形式，依托于丰富的文化旅游资源，目的在于使旅游者在旅行过程中不仅仅是观光，而是通过对历史、文化以及自然科学的深入考察和交流，达到增长知识、丰富见闻的目标。在这一过程中，旅游者将参与到各种学习和探索活动之中，体验并学习旅游地的文化特色。文化旅游的实质就是文化交流的一种形式，旅游者从中可以获得精神的满足，是一种较高层次的旅游活动。

第二类是产品说。产品说认为，文化旅游也指那些专门设计来满足旅游者对于学习、研究和探索特定国家（或地区）的文化特征需求的旅游产品。这些产品包括很多的方面，如历史文化旅游、文学旅游及民俗文化旅游等形式，它们由旅游服务提供者精心策划，旨在引导旅游者深入了解和体验目的地的文化精髓。

① 魏小安．旅游发展与管理[M]．北京：旅游教育出版社，1996．

第三类是体验说。体验说认为，文化旅游本身并不是一种产品，文化旅游是一个抽象的概念，是通过旅游来实现感知、了解、体察人类之路的目的，是一种创意。站在旅游者的角度，它是一种旅游方法，是一种意识。文化旅游不是以一种具体文化内容为目的的行为过程。站在旅游经营者的角度，它是一种产品设计的战略思想无形服务，也不是一次经历。文化旅游不是一个独立的旅游产品，而是一种观念意识的反映，是旅游经营者设计旅游产品时的一种创新思维，是旅游者从事旅游活动的一种方法。文化旅游是旅游者为实现特殊的文化感受，对旅游资源文化内涵进行深入体验，从而得到全方位的精神享受和文化享受的一种旅游类型。

国内外学者站在不同的角度，根据自身的文化特点和感受，给文化旅游以不同的理解。它们虽然各有特点、各有所长、各有侧重，但是都明确指出了文化旅游的动机是获得文化知识，是为了学习、研究、考察、欣赏不同地区的历史古迹、文化艺术、风俗习惯、语言风情等文化内容，进而在旅游过程中欣赏文化、认识文化、体验文化，满足精神文化需求，以提高文化品位。

可见，文化与旅游相互依存、相互促进。文化旅游是相对于自然观光、度假疗养等而言的一种特殊旅游类型。文化旅游强调的是一种有深度和内涵的旅游体验，旨在通过接触和理解旅游地的文化特质，为旅游者带来精神上的满足和成长。它区别于那些仅以寻求新奇或以好奇心为动机的旅游活动，强调的是一种更加深入和有意义的文化探索过程。因此，文化旅游不仅仅是一种休闲活动，更是一种能够促进文化理解和知识增长的重要旅游形式。它的基本属性包括时间维度、形态表现、旅游动机、需求市场，如表 1–1–1 所示。

表 1–1–1　文化旅游的基本属性

基本属性	特征
时间维度	历史文化旅游和现代文化旅游
形态表现	古迹游览旅游、民俗体验旅游、建筑文化旅游、饮食文化旅游、艺术欣赏旅游、休闲娱乐旅游等
旅游动机	以求知、求奇为目的而进行的旅游活动，旅游者渴望在旅游过程中得到实质性的收获
需求市场	旅游需求是与收入的增长和受教育程度的提高有关的，客源以中产阶级为主，主要包括受过良好教育的人群

四、文化旅游资源

文化旅游资源是文化旅游产业发展的重要载体，离开了文化旅游资源文化旅游产业发展就无从谈起。有学者认为，旅游资源是指能够吸引人们产生旅游动机，并可用来开展旅游活动的各种自然、人文客体和其他因素的资源；文化旅游资源具有人为性、异质性、时代性、文化性、层次性的特点，并且具有经济潜质。也有学者认为，文化旅游资源是指人类所创造的能够吸引旅游者，引发旅游动机和旅游行为，使旅游者在获得一定物质享受的同时得到极大的精神文化满足，并能为旅游业所利用，给旅游业带来经济效益、社会效益、文化效益的文化资源总和。此外，还有学者认为，文化旅游资源除了有一般旅游资源共性，还有其自身的一些独特性质：一是具有多样性与差异性，二是具有可传承性与创新性，三是具有形态上的双重性，四是因人类普遍价值而具有公共性、层次性。上述关于文化旅游资源概念、内涵的论述，都明确指出了文化旅游资源是对旅游者具有吸引力的文化因素。文化旅游资源中的历史人文类资源大部分具有鲜明的不可再生性、不可复制性的特点，如古文化遗址、古建筑等名胜古迹。因此，在发展文化旅游产业时应予以特别重视和区别对待。

五、旅游产业

自古以来，关于旅游产业是否具备产业属性在国际和国内学术界引发了广泛关注和激烈争论。随着时间的推移，现代旅游产业已经在全球范围内对政治、经济、文化以及环境等多个方面产生了深远的影响。这种影响的日益显著，促使人们开始重新审视旅游产业，并逐渐将其提升至一个更为重要的位置进行研究和讨论。在这一过程中，国内外的学者对于旅游产业是否具有产业属性的观点逐渐趋于一致，认为旅游产业确实应该被归类为一种产业。然而，在这一共识的基础上，对于旅游产业的具体定义和界定，学术界内部仍然存在不少分歧和争议。

在这场关于旅游产业属性的讨论中，各种观点层出不穷。一方面，有学者认为旅游产业是一种外延较宽、具有消费趋向性质的产业。他们强调，旅游产业从根本上来说，是一个服务于旅游者的经济系统，它通过提供各种与旅游相关的产品和服务来满足人们的旅游需求。另一方面，也有观点指出，旅游产业在向市场提供服务或产品时，存在着企业间的竞争关系。这种竞争不仅体现在价格上，还体现在服务质量、创新能力等多个方面，从而表明旅游产业具有典型的产业特征。综合上述讨论和分析，可以得出一个较为全面地对旅游产业的定义。旅游产业是一种以旅游资源为基础，以旅游设施建设为支撑，以旅游活动为核心，通过提供广泛的旅游产品和服务来满足游客各种需求的综合性产业。这个定义不仅包括了旅游活动本身，还涵盖了所有为旅游活动提供直接或间接支持的行业和企业。旅游产业的根本目的是追求经济利益的最大化，这一点体现在它通过不断优化服务和产品，吸引更多的游客，从而增加收入和利润上。总的来说，旅游产业作为一个多元化、综合性强的产业，不仅为游客提供了丰富多彩的旅游体验，同时也为相关行业和地区的经济发展做出了重要贡献。

六、文化产业

文化产业作为一种融合了特定文化形态与经济活动的独特现象，对人们的生活方式和文化理解产生了深远的影响，这也在无形中增加了人们对其理解的难度。与此同时，这种产业的界定和认知受到了国际文化背景差异和行业分类标准不一致的影响，导致各国对于文化产业的理解和定义存在明显差异。

在美国，根据 1997 年出台的北美产业分类体系，文化产业被理解为包括新闻出版、影视、通信及信息四大门类的综合体，这一分类体系将不同领域的产业融为一体，形成了一个统一的文化产业概念。与此同时，欧盟基于 1997 年发布的《文化产业报告》提出了一个更为广泛的文化产业定义，不仅包括了文学艺术、音乐创作和新闻出版、印刷业等传统领域，还将广播影视业、音像业和网络业等新兴领域纳入其中。此外，欧盟的定义还扩展到了摄影、体育、艺术拍卖以及文化演出等，几乎涵盖了所有带有现代文化内容标识的产品和产业。在中国，早期的学术研究往往直接借鉴西方的文化产业概念，而没有针对中国特有的文化产业现状进行深入的概念界定和范畴划分。在这种情况下，国内对于文化产业的理解存在一定的模糊性和不确定性。然而，随着时间的推移，尤其是在文化产业迅速发展和对经济社会贡献日益显著的背景下，中国学者开始逐渐形成对文化产业的共识。他们认为，文化产业不仅仅是简单地把文化元素与经济活动结合起来，而是通过一系列生产、流通、消费以及再生产过程，将文化产品转化为能够满足市场需求的文化商品。这一过程不仅包含了文化的创造和价值的实现，也体现了文化与经济的深度融合。基于上述对文化产业概念的深入理解和广泛共识，本书将文化产业定义为一个旨在满足人民群众文化服务需求的经济行业。这一定义强调了文化产业的根本目的是提供和经营文化产品，同时也突出了文化产业在满足公众文化需求、推动文化发展和实现经济价值之间所扮演的重要角色。

七、文化旅游产业

自 20 世纪 90 年代起，文化旅游市场逐渐火热，我国多个地区将文化旅游产业定位为核心产业，这一现象促使国内学界对文化旅游产业的发展投以更多的关注。部分学者对文化旅游产业进行了界定，将其视为旅游业的一个关键分支，将文化旅游资源视为一种特殊的商品，此外还提出了文化旅游产业的一些特点。有学者论述了文化对旅游的影响以及旅游对文化的影响，其对山西文化旅游的产品、市场、资源作了分析，提出了促进山西文化旅游产业发展的对策，为我们发展文化旅游产业提供了一些可以借鉴的经验。有学者对文化旅游产业进行了系统的研究，指出文化旅游产业是文化产业的一个重要组成部分，同时对其内容、分类作了界定。总体来说，在文化旅游产业发展研究方面，国内学者偏重实践研究和案例研究。目前，学界对文化旅游产业概念尚无严格的界定和统一的论述，概念仍然含糊。

近年来，为了提升旅游产业的品质，促进旅游产业的可持续发展，以及满足人民日益增长的精神文化需求，中华人民共和国文化和旅游部（以下简称文化和旅游部）出台相关政策和意见，进一步加快了文化与旅游的结合，形成了有效的合作机制，推动了文化旅游产业的发展。文化旅游产业也逐渐成为地方旅游业中的重要新兴力量。在旅游业内，文化旅游产业关注于开发和推广那些蕴含丰富历史文化价值的产物及非物质文化遗产，如文化古迹、自然景观、民间传统与习俗。同时，也有观点认为文化旅游产业属于文化创意产业的范畴，强调通过创新思维和管理方法，深挖旅游文化内涵，以文化旅游产品为媒介，促进经济增长和就业机会的创造。这种产业实质上是通过增加娱乐和体验，形成了一种新型的经济增长模式，包括“娱乐经济”“体验经济”和“休闲经济”。

本书对文化旅游产业的定义，有以下两个关键词。第一个关键词是文化旅游产业的“使用价值”。这一价值源于其深厚的文化底蕴，正是这一底蕴赋予了文化旅游产业独特的魅力。在文化旅游中，文化不仅是其内涵，更是其外延的核心。若缺乏真正意义上的文化内涵，便不能称之为文化旅游。第二个关键词是文化旅游产业的“价值整合效益”。这一效益的实现，需要我们在文化旅游产业的发展过程中，注重各种资源的整合和优化，以实现效益的最大化。这包括但不限于文化资源的挖掘与利用，旅游资源的开发与保护，以及相关产业的协同发展等方面。近年来，世界各国都在力捧文化旅游产业，那么就有必要弄清楚它究竟能够给人类、国家、世界带来何等价值。随着我国经济的发展，人民物质生活水平大幅提高、闲暇时间增多、经济全球化等诸多因素促进了中国旅游业迅猛发展，旅游消费已经成为消费的重要构成部分。这一时期旅游产业文化内涵在市场需求、经营者拉动下得到了不断提升，加之中国拥有丰富的文化旅游资源，因此，文化旅游产业在中国迅速成为引领第三产业跨越式发展的龙头产业。

文化旅游产业不仅是旅游业的重要组成部分，同时也是文化产业的组成部分。从根本上说，文化是一切旅游活动的出发点和归宿，因此，不管是自然资源还是人文资源的开发利用，都必须与文化相关联，这样才有可持续发展的动力。有的自然资源具有自然和文化双重价值，如泰山、黄山都是世界自然和文化双重遗产。对于自然旅游资源而言，强调“文化旅游”意味着现在更注重挖掘和创造性利用资源的文化内涵以及旅游者的体验。

八、文旅融合

文旅融合指的是文化产业和旅游产业之间相互融合、相互融通的过程和结果。这种融合包括但不限于文化资源与旅游资源的整合利用、文化创意产品与旅游产品的联动开发、文化活动与旅游活动的相互衍生和互相促进等方面，旨在发挥文化和旅游产业的协同效应，实现双方产业融合发展、优势互补、共同繁荣。

九、文化产业与旅游产业的融合发展

经过对关键概念的梳理、分析和总结，本书定义了文化产业与旅游产业融合的概念：在市场需求和技术进步等因素驱动下，文化产业与旅游产业发生交叉和渗透，共同进化为新的产品形态或产业形态的动态过程。

旅游业是一项文化性很强的产业。旅游者为了追求文化享受而进行旅游活动，旅游产业只有体现出各种不同的文化特色才能吸引旅游者，从而产生旅游消费。旅游缺乏文化支撑便失去了吸引力，相反，文化在缺少旅游的推动下也会显得缺乏活力。市场是旅游的发展优势所在，而文化的魅力则在于其深厚的内涵。从旅游的角度出发，紧抓文化便是捕捉到了核心价值所在；而从文化的角度出发，紧抓旅游则意味着开拓了广阔的市场前景。文化与旅游产业互相促进，实现共同发展与繁荣。

经济增长和生活水平的提升使得旅游变成现代生活的重要部分，已经上升为一种生活时尚。现代人对旅游的追求已经超越了简单的休闲，更多的是寻求文化上的精神满足，这使得旅游不仅仅是走过场，而是一次深入的文化体验和欣赏之旅，文化元素已经深深嵌入到旅游活动的方方面面。因此，高质量的文化与旅游的结合展现出巨大的发展空间。

对于旅游者而言，文化既是其旅行的出发点也是目标所在，文化是旅游景点吸引力的源泉，并且是旅游生产力发展的现实需要。我们在大力发展旅游业的同时，必须从历史文化中汲取有利于当今旅游可持续发展的内容，并最终实现旅游经济与旅游文化的双赢。文化与旅游的深度融合，成为推动旅游经济增长的关键，符合全球经济发展的主流趋势。

文化产业与旅游产业的融合是一个持续动态的系统过程，其核心在于两大产业在融合中的创新发展，体现在文化产业链和旅游产业链的解构与重构上，通过这一过程可促进文化和旅游产业价值活动的创造与增值。

第二节　文化产业、旅游产业与文化旅游产业

为了更好地发展文化和旅游产业，有必要认识文化产业、旅游产业与文化旅游产业的内涵，了解我国文化和旅游产业的发展历程。

一、文化产业简述

（一）文化产业内涵的界定

在国民经济行业分类系统中，一个行业或产业被定义为一群从事相同或相似经济活动的组织或单位的总和。这种分类方式有助于统一对经济活动的理解和管理，使其标准化。在国际语境中，这些分类通常被统称为“industry”，而在我国，学者往往将其翻译成“产业”，但其实际意义却与我国的“行业”相对应。在中国的语境下，使用“产业”一词时，往往更加侧重于强调该产业的经营性质或者经营规模的大小，这与国际上的用法略有差异，体现了本土化的理解和应用。

文化产业作为一种特殊的产业形态，其核心在于文化的商业化表达，包括文化产品和服务的生产、流通与销售。这些文化产品和服务既可以是物质形态的，如书籍、艺术品等，也可以是非物质形态的，如演出、展览等。但值得注意的是，并非所有的文化形态都适合产业化。只有那些具有商业潜力，能够在市场中找到其商业价值和定位的文化艺术产品或服务，才能成为文化产业经营的对象。这一

过程涉及对文化产品市场潜力的评估，以及如何将非营利性的文化内容转化为能够带来经济收益的产业项目的策略。

文化产品根据其在市场中的竞争性质和排他性质，可以分为三大类：公共性文化产品、竞争性文化产品和混合性文化产品。公共性文化产品特指那些在消费时不涉及竞争，也不会因为一个人的消费而减少他人消费机会的产品，如公园、图书馆提供的服务。这类产品往往被视为纯公共物品。相对应的，竞争性文化产品则在消费过程中具有明显的竞争性和排他性，如电影票、图书等，这类产品的消费需要通过市场竞争完成。而混合性文化产品则介于两者之间，它们在某些方面可能展现出竞争性，在另一些方面则可能更接近公共性产品，这类产品的特点是既需要考虑市场竞争也需要考虑社会效益。

随着 2004 年《文化及相关产业分类》的制定，以及随后文化体制改革的深入，对于文化单位公益性与经营性的区分变得更加明确。早期由于文化体制改革刚刚起步，很难准确区分单位的性质，而现在随着改革的不断深化和两次全国经济普查的进行，已能够利用是否执行企业会计制度这一标准来明确经营性文化产业单位和公益性文化事业单位。这一变化标志着我国对于文化产业与文化事业的分类和管理达到了一个新的水平。《文化及相关产业分类（2018）》进一步明确了“文化及相关产业”的概念，旨在为文化体制改革和文化产业的发展提供更加准确和科学的统计支持。这一新的分类标准不仅基于最新的国民经济行业分类，还考虑了与联合国教科文组织《2009 年联合国教科文组织文化统计框架》的衔接，确保了定义的准确性和分类的科学性，为文化产业的发展奠定了坚实的基础。

（二）文化产业范围的确定

通常情况下来讲，文化产业范围的确立是建立在文化产业内涵的基础上的。具体来讲，文化产业不仅仅是简单的商品和服务生产，它还涵盖了整个从创意产生、产品生产到市场营销，最终到达消费者手中的完整流程。在这个过程中，文化产业打破了第二产业和第三产业的限制，将第二、第三产业中的部分行业整合进一个更为广泛的文化产业体系中。为此，文化产业所包含的范畴，可以详细划分为以下几个重要部分。

首先，以文化为核心内容的产品（既包括有形的货物，也包括无形的服务）的创作、制造、传播和展示，都是旨在满足人民日益增长的精神文化需求的活动。这一点凸显了文化产业不仅仅关注物质产品的生产和销售，更重视如何通过文化创意和内容来满足人们的精神追求。

其次，文化产品生产过程中所需的辅助生产活动，这包括但不限于对原材料的加工、对创意内容的进一步开发等，这些活动虽然不直接产生文化产品，但对确保文化产品质量和文化价值的传递起到关键作用。

再次，关于文化产品实物载体或制作（使用、传播、展示）工具的生产活动，这包括文化用品的制造和销售。这一点强调了文化产品不仅仅是内容的创造，还包括为这些内容提供物理形态或传播渠道的工具和设备的制造。

最后，为了生产文化产品所必需的专用设备的生产活动，涵盖这些设备的制造和销售。这些设备为文化产品的创作、制造、展示提供了必要的物质基础，是文化产业能够顺利运行的重要保障。

（三）文化产业的分类

1.以行业分类

在对文化产业的分类上，根据行业或所产出的文化产品的性质，可以将其细分为新闻、出版、电影、电视、网络、演艺、广告等众多领域。这样的分类构建了一个广泛的横向体系，它不仅展示了各个文化行业之间的差异，也揭示了它们之间的联系，反映了这些行业的发展水平、结构以及它们之间的相互关系。采用这种分类方法，有利于在宏观层面上进行行业之间的比较，为规划行业发展、制定管理策略和安排政策提供了一个清晰的框架。然而，在当前文化产业特征中，行业之间的界限越来越模糊，互相之间的融合和投资变得日益频繁，这使得按照传统的行业分类方法来区分各个领域的界限变得更加复杂和困难。

2.以文化产业价值链分类

从文化产业价值链的角度，可以将文化产业细分为很多种。该分类方法覆盖了文化产品和服务的创造、生产、流通到销售的全过程，同时也包括了文化设施和文化中介与咨询等相关服务。这样的分类方法构成了一个垂直的体系，使得我们可以更加深入地理解文化产业内部各个环节之间的联系和相互作用，以及这些环节如何共同作用于文化产业的整体发展。

对文化产业价值链的分析，不仅可以看到各个环节在产业链中的位置和作用，还可以观察到产业链的完整性、各环节之间的协同效应以及在整个过程中价值如何被创造、累积和增值的过程。此外，这种分类方式还强调了文化产业的市场化特征，体现了文化产业在市场经济中的地位和作用，以及文化产品和服务在市场中的流通和竞争状态，从而为分析和提升文化产业的竞争力提供了重要的视角。

（四）文化产业的特征

1．产品的精神性

在文化产业领域，产品的核心并非是简单的物质实体，而是根植于人类精神活动的各种表现。这些产品，如书籍、电影、音乐等，都是人类智慧和情感的结晶。它们不仅反映了创作者的个人思想、审美倾向和情感体验，而且还携带着特定文化的标志和价值观，对消费者产生深远的影响。通过这些精神性的产品，一个地区的文化得以广泛传播，同时也在无形中塑造和丰富了人们的精神世界，拓宽了个体的思想深度和情感广度。

2．消费的娱乐性

文化产业提供的产品，无论是电影、音乐还是艺术作品，首先满足的是人们对娱乐的需求，而文化产业的这种功能便是其消费的娱乐性。这种娱乐性使得文化产品成为人们生活中不可或缺的一部分，它们提供了一种途径，让人们在忙碌之余，找到放松心情和愉悦身心的方式。虽然这些产品同时具备教育性和知识性价值，能够启发思考和丰富知识，但其被广泛消费和接受的根本原因还是其娱乐性。如果一个文化产品缺乏吸引人的娱乐元素，它可能就难以触达广大受众，从而限制了其影响力的扩展。

3．产业的依附性

文化产业的兴盛与否，在一定程度上受到社会生产力发展水平的制约。只有在物质财富相对充裕，社会生产力达到一定水平的情况下，人们才会追求更高层次的精神文化需求。同时，文化产业的发展也紧密依赖于政策和制度的支持。适宜的政策环境能够为文化产业的发展提供有力的保障和支持。因此，文化产业的发展不仅需要物质基础的积累，还需要政策制度的引导和配合，而这些恰恰体现了文化产业的依附性。

4．文化产业的双重属性

文化产业既是追求经济效益的商业活动，也承担着传播社会价值、丰富人们精神生活的社会责任。这种双重属性要求文化产业在追求商业利润的同时，也要考虑其产品对社会的正面影响。在经济效益方面，文化产业通过生产和销售文化产品来实现盈利；在社会效益方面，它通过传播有益的社会价值观、促进文化多样性和提高民众的文化素养来体现其社会价值。这种双重属性使得文化产业在国民经济和社会发展中占据了十分重要的地位，成为连接经济发展与社会进步的重要桥梁。

二、旅游产业的内涵界定

（一）从基础旅游学的角度界定

1. 旅游业的消费性定义

学者主要是从旅游者消费旅游物质产品、服务的角度对旅游业消费性进行定义的。1971 年联合国旅游大会关于旅游业的表述，即旅游业是提供给国内外旅游者各种产品和服务的，强调了旅游业以创造满足旅游者的物质产品和服务消费为核心。随着时间的推移，多位学者对这一定义进行了扩展和深化。例如，鲍威尔（Powell）在 1978 年提出旅游业不仅涵盖产业本身，还包括满足社会需要，强调了其生产的内容不仅限于满足旅游者需求的各种服务要素，而是更广泛地包含了旅游经历的提供。勒帕尔（Lepar）在 1979 年的定义中，进一步将旅游业视为一个包括各种公司、组织和旅游设施在内的大系统，旨在为满足旅游者需求提供服务。李天元与田里的定义则更进一步，将旅游业描述为一个综合性产业，这个产业以旅游者为服务对象，不仅为其提供商品和服务，还创造便利条件，这些定义共同体现了旅游业在满足旅游者需求、提供商品和服务方面的综合性特点。

2. 旅游业的功能性定义

在旅游业的功能性定义方面，唐纳德 · 伦伯格（Donald Rumberg）通过其著作《旅游业》中的定义，把旅游业描述为一个为国内外旅游者提供服务的行业体系，这个体系关系到游客、旅行方式、食宿供应、设施等多个方面，构成了一个随时间和环境变化而不断演化的综合性概念。这种定义不仅强调了旅游业提供产品和服务的功能，还指出了旅游业的动态性和综合性特征。

此外，有专家提出的广义旅游业定义，进一步拓宽了旅游业的范畴，将其视为一个依托旅游资源，以旅游设施为条件，为人们游览提供服务并从中获得经济效益的所有行业和部门的集合。这包括了旅馆业、旅行社业、交通运输业、轻工商业、邮电通信业、金融保险业和餐饮业等，从而形成了一个旨在为游客提供全方位服务并获得经济收益的广泛行业网络。这些定义共同强调了旅游业的功能性，即为旅游者提供服务的同时，也在不断发展和适应环境变化中演进。

（二）从产业经济学的角度界定

在学术领域，关于旅游业是否构成一个独立产业的讨论一直颇为激烈，并引起了广泛的关注和讨论。尽管观点多样，但国内众多学者达成了一个共识，即旅游业确实是一个独立的产业领域。这一结论并非空穴来风，而是基于对旅游业内各个组成部分的深入分析和理解。专家在界定旅游产业的过程中提出了多种观点，这些观点从不同的维度揭示了旅游产业的复杂性和多元性。

一方面其中一部分专家强调，旅游产业不仅仅是单一的服务或产品，而是包括了满足旅游过程中游客对食宿、交通、娱乐等多方面需求的各类企业和部门的综合体；另一方面，一些专家则认为旅游业实际上由多个相互关联的子产业组成，形成了一个产业群。

还有专家从旅游活动的本质出发，提出旅游产业应当被定义为一个以旅游活动为中心，围绕旅游活动提供直接或间接服务的行业和企业的集合。这种定义不仅包括了直接提供旅游服务的企业，如旅行社、酒店等，也涵盖了为旅游活动提供辅助支持的其他行业，如文化、体育、交通等。

旅游是一种复杂的、综合性的活动，它需要依托政策环境、交通设施、人力资源、资金投入、服务设施等众多行业的辅助和支撑。从供给和需求的角度出发，旅游产业包括了旅游吸引力、旅游活动、交通方式、旅游设施、服务质量以及相关的基础设施和促销活动等多个方面的要素，这些要素共同作用，满足着国内外游客的旅游需求。

综上所述，旅游产业可以被定义为一个以旅游资源和设施为基础，面向旅游市场，旨在为旅游者提供便利条件并满足其在旅游过程中的各种商品和服务需求的综合性产业。

根据联合国的《国际产业划分标准》，旅游业主要包括住宿业部门、旅行社和交通客运部门，而这些部门所属的企业则构成了旅游产业的核心。这一界定不仅反映了旅游产业的复杂性，也凸显了其在全球经济中的重要地位和作用。

三、文化产业和旅游产业的关系

（一）共性

尽管文化产业和旅游产业在产业发展阶段、资源配置方式、价值生成模式等方面存在很多不同，但就本质而言，两者都属于情感产业、内容产业、创意产业。

根据文化产业和旅游产业的要素特征和活动表现看，文化产业和旅游产业具有以下共性特征。

两者均被划分为第三产业的一部分，它们提供的关键产品都是服务。当游客参与旅游或文化活动时，他们追求的通常不是实物商品的购买，而是体验一种文化或心理上的活动，或进行信息的交流。在整个过程中，他们接受的主要是服务性质的产品，并且评估这些服务产品的质量大多依赖于个人的主观感受。这两个领域都被认为是综合性的产业，依赖于多个行业部门的协作支持。文化资源的价值可以转化为旅游资源，反之，旅游资源在一定程度上也构成了文化资源的一部分。这种互为依存的关系不仅促进了两者的发展，也强化了它们在第三产业中的地位。

（二）差异

文化产业和旅游产业的差异，表现为以下几个方面。

产生的原因不同：文化产业的产生是因为文化心理和价值认同的需要，文化活动促进文化的交流。相较之下，旅游产业的兴起，则是应对人们生活层次提升后对新鲜体验的需求，通过探索与原生活环境不同的地方来实现对身心状态的调适与优化。

资源依托上的区别：文化活动的展开主要依赖于文化产业和大众市场的支持，这两者为文化活动提供了丰富的资源和宽广的发展空间。旅游活动则主要依赖于旅游资源的支撑，包括自然景观和人文景观等，旅游资源为旅游活动的开展提供了基础。

主要服务对象的不同：从服务对象来看，文化产业主要是为社区及其成员提供服务，旨在满足社区内部的文化需求和促进文化发展。而旅游产业则以游客为主要服务对象，致力于为其提供全面的旅游服务和体验。

服务内容上的区别：在服务内容方面，文化产业着重于提供包括参观、游览在内的文化体验服务，旨在丰富人们的文化生活和提升文化素养。对比之下，旅游业则提供包括餐饮、住宿、交通、娱乐等在内的综合服务，通过销售旅游线路或部分服务满足游客的多样化需求。

关联产业的差异：文化活动的成功举办，需要来自保险、酒店业、城市建设、室内装饰、礼仪服务、广告业、交通及观光等行业的协作和配合，这些行业共同构成了文化活动顺利进行的基础。而旅游业的发展，则涉及旅行社、饭店、景点、交通等多个部门的紧密合作，这些部门共同为旅游业的稳健发展提供了支持。

（三）联系

随着新业态的涌现和融合发展，文化产业和旅游产业间的边界越来越模糊，文化产业和旅游产业的联系越来越紧密。

文化产业与旅游产业之间存在着相互支撑的关系。通过旅游，文化得以广泛传播，旅游是传承与发扬文化的关键平台，而文化的注入则使得旅游更具吸引力。从本质上来讲，旅游活动是一种充满文化内涵的活动，不论是消费者的旅游消费还是经营者的旅游经营，均浸透着浓厚的文化元素。对于旅游者而言，其旅游消费的本质是对文化的追求和体验，整个旅行过程本质上是寻找、购买、体验及消费文化的过程；对旅游经营者来说，他们不仅负责挖掘和生产文化产品，经营和销售文化产品，而且还致力于创新和推广当地文化。因此，旅游业的发展，无论是从广义还是狭义来看，都需要与文化产业紧密结合，这样才能吸引游客并实现可持续发展。此外，将文化作为旅游发展的指导方向，是确保旅游业发展方向明确且健康长远的关键。旅游的发展，根本上是由文化推动的，缺乏文化的发展和观念的更新，将无法激发人们对旅游的兴趣，从而不会产生旅游活动。

综上所述，旅游与文化在本质上是一致的，文化产业与旅游产业不仅互为补充，更是紧密相连的。因此，只有将文化产业和旅游产业进行有效的结合，实现两者的深度融合，才能推动文化产业和旅游产业的质量提升，从而促进文化旅游产业的高质量发展。

在当今社会，旅游产业已经成为推动文化产业快速发展的重要力量。旅游活动不断增加，旅游产业为文化产业开辟了广阔的市场空间，这不仅促使文化产业向着更加多样化和个性化的方向发展，还推动了旅游产品和服务的持续创新。随着越来越多的人参与到旅游活动中，对于文化产品的需求也随之增加，这种需求的增长不仅体现在数量上，更体现在质量和多样性上。因此，旅游产业的发展为文化产业提供了一个强大的推动力，使得文化产品更加丰富多彩，同时也促进了旅游产品结构的优化，满足了不同游客的需求。

旅游产业的发展同样为文化产业的繁荣提供了必要的条件和保障。通过旅游业的专业化服务，文化活动的组织和实施得以更加高效和专业，从而提升了文化活动的整体质量。旅游业凭借其在提供餐饮、住宿、交通、娱乐等方面的丰富经验和成熟体系，为文化活动的参与者提供了全方位的服务支持，使得参与者在享受高质量基础服务的同时，还能深入体验到各种文化娱乐活动的魅力。这种专业化服务的提供，不仅丰富了文化活动的内涵，也使得文化娱乐活动更加多元化，更加吸引人。

文化产业和旅游产业之间存在着密切的相互促进关系。从旅游产业的视角出发，文化既是其发展的根本基石，涵盖了人类社会发展过程中创造的物质和精神财富，也构成了旅游活动的核心内容。旅游不仅带动了文化财富的流通和文化价值的实现，还促进了跨文化的交流与发展，从而丰富了文化的内涵和外延。而从文化的角度看，旅游活动本质上是一种跨文化的交流过程，这一过程不仅可以增进不同文化之间的相互理解和尊重，还能通过旅游带来经济收益，进一步激发文化的创造性和活力，使之更加充满生机。例如，云南和广西通过发展文化旅游，成功保护和复兴了一些濒临消失的文化遗产。这些地区的文化旅游发展不仅为文化遗产的保护提供了新的机遇，也让这些独特的文化遗产成为吸引游客的重要资源，同时增强了当地居民对自己文化身份的认同感和自豪感。

因此，文化与旅游的相互作用对于文化遗产的保护和文化的传承具有重要意义。这种互动关系不仅为文化遗产的保护提供了新的路径，也为地方文化的传承与弘扬开辟了新的渠道，极大地丰富了文化旅游产业的内涵。将地方文化的特色与旅游观光紧密结合，可以构建一个多方位的文化展示平台，从而更有效地促进地方文化的发展。

在文化消费和旅游活动中，消费者的行为往往不是基于生活的基本需求，而是源于对情感的满足和个人理想的追求。文化消费者和旅游者通过体验独特的文化旅游产品，不仅可以满足他们对美好生活的向往，还可以在这一过程中实现自我价值和个性的表达。这种体验是高度主观和个性化的，建立在对消费环境和文化产品的深度感知与认识之上。文化旅游产业通过创造这样的体验空间，满足了消费者对于自我实现的高层次需求，使得消费者能够在文化的海洋中找到与自己理想自我相契合的元素，引发深层次的心理共鸣。这种文化与旅游的深度融合，不仅提升了消费者的体验质量，而且顺应了消费者需求的多样化和个性化趋势，彰显了文化产业和旅游产业融合发展的深远意义。

四、我国文化旅游产业发展历程

文化旅游产业在经济基础、政治环境和丰富多样的旅游资源基础上蓬勃发展，与整个旅游事业和旅游市场的兴起和发展紧密相关。具体而言，我国文化旅游产业的发展经历了以下几个发展阶段。

（一）萌芽阶段（1949—1978年）

20世纪50年代至60年代，当时开展旅游的目的主要是加强对外交往，提高中国的国际地位和政治声望。旅游接待主要以政治接待、外交接待为主，接待的对象主要是来华访问国家的大规模团体和友好人士。1978 年，中国接待外国游客、海外华侨和港澳台同胞 180.9 万人次，旅游外汇收入仅 2.6 亿美元。1998 年来华旅游入境人数达 6348 万人次，比 1978 年扩大 34 倍；1998 年我国国际旅游收入为 126 亿美元，比 1978 年扩大 47 倍，年均增长 21.4%，位居美国、意大利、法国、西班牙、英国、德国之后的世界第 7 位，比 1980 年提高 24 个位次。① 此时的旅游业仅具备产业雏形，并没有产业化经营的模式，也不重视自然景观、历史资源，但是形成了文化旅游的巨大资源优势，积蓄了中国文化旅游资源转化基础。

（二）初始阶段（1978—1987 年）

邓小平指出，“旅游事业大有文章可做，要突出地搞，加快地搞”②，之后我国旅游业出现了重大的转折，由接待逐渐向产业经济转化，取得了一系列重大成就。

在这一时期，我国各地政府都非常重视旅游资源的开发、人文景观的利用，充分挖掘自然和人文旅游资源，出现了森林公园旅游风景名胜区、风景旅游城市的规划。特别是随着海外华人、华侨寻根旅游发展，珠江三角洲、闽中南地区、京津等地区成为文化旅游主要的客源市场。文化旅游逐渐走进人们的视野，但很多人仅将其当作是旅游业的一个组成部分。

（三）发展阶段（1988—2008 年）

1988 年，北京市旅游局率先发起旅游年活动，标志着一个新兴的文化市场——中国文化旅游市场随着我国的整个旅游市场跨入了世界旅游市场的行列。1998 年召开的中央经济工作会议，将旅游业作为我国国民经济新的增长点，从而极大地扶持和促进了我国旅游业的发展。

20 世纪 90 年代我国推出一些极具时代特色和历史文化底蕴的旅游线路，如“沿着丝绸之路的东方列车”，即用毛泽东乘过的专列火车重走丝绸之路，引起了很多旅游者的关注。进入 21 世纪以来，各地以文化旅游为内容的旅游活动逐渐开展，文化与旅游结合发展的趋势渐渐明显，文化旅游开始成为发展旅游业的核心，而不只是旅游业的一部分。

---

① 国家统计局．新中国50年系列分析报告之二十国际地位明显提高[EB/OL].(1999-9-28)[2023-11-10].https://www.stats.gov.cn/zt_18555/ztfx/xzg50nxlfxbg/202303/t20230301_1920458.html.

② 中国共产党新闻网．邓小平：搞旅游要千方百计增加收入[EB/OL].(2019-8-16)[2023-11-10].https://cpc.people.com.cn/n1/2019/0816/c69113-31300297.html.

在这一时期先后涌现出大批优秀的、可持续发展的文化旅游产品。广西桂林《印象·刘三姐》把表演舞台扩大到桂林真实山水的场景中，巧妙地结合了桂林山水、刘三姐的美妙传说和漓江原生态的场景。常州的恐龙园以恐龙为主题，现已成为我国系列恐龙化石最为集中的专题博物馆，同时该恐龙园融合博物展示、科普教育、观赏游览、娱乐休闲及参与性表演于一体。另外，以云南丽江为代表的特色文化旅游创意产品，呈现出文化和旅游发展相得益彰的良好局面，取得了良好的效益。截至 2008 年，中国已成为亚洲最大的客源输出国，拥有世界最大的国内旅游市场。

（四）创新阶段（2009 年至今）

随着文化与旅游结合发展实践的不断深入，2009 年 8 月 31 日，《文化部国家旅游局关于促进文化与旅游结合发展的指导意见》提出了包括推出“中国文化旅游主题年”系列活动在内的十大合作重点，有力地推动了文化和旅游的深度结合，标志着我国文化产业与旅游产业的融合发展已经迈向了一个新的发展阶段。文化产业与旅游产业的融合已经上升为国家层面的重点产业。这一发展策略不仅重视人文精神和自然风光的保护，还促进了社区居民的民主参与，并且关注地方小型企业主的经济福祉，因此被广泛认为是一种可持续的发展模式。这种模式旨在平衡经济增长与环境保护、社会责任，确保各方面利益的均衡发展，体现了对未来发展的深远考量，得到了国际旅游组织的广泛推介和各区域政府的高度认可。比如，我国陕西省在建、规划中的重大文化项目已达 30 个，包括丝绸之路风情城、西安国家数字出版基地等十大标志性文化设施项目，以及秦兵马俑文化景区、法门寺佛文化景区等十大文化旅游景区项目。这标志着重大文化旅游项目已经成为陕西旅游的新引擎，也是文化旅游产业发展的新业态。

2023 年，文化和旅游部印发的《国内旅游提升计划（2023—2025 年）》提出要“创新旅游理念宣传。积极宣传旅游是一种生活方式、学习方式和成长方式。创新举办‘5·19 中国旅游日’活动，将其打造成为广大游客和旅游从业者的节日。推出一批优秀旅游公益广告和书籍、影视、动漫赋能旅游特色案例。”“围绕‘旅游中国 美好生活’国内旅游宣传主题，实施‘跟着季节游中国’‘城市巡游记’‘我的家乡有宝藏’等专项推广，开展‘读万卷书 行万里路’中华文化主题旅游推广。统筹跨省域旅游宣传推广，鼓励支持区域性旅游宣传推广联盟和相关省市共建机制、共拓市场、共推产品、共享成果。”“创新旅游产品体系，针对不同群体需求，推出更多满足市场需要、富有特色的旅游产品、旅游线路，开发体验性、互动性强的旅游项目，着力推动研学、银发、冰雪、海洋、邮轮、探险、观星、避暑避寒、城市漫步等旅游新产品。发展绿色旅游，推动出台推进绿色旅游发展的政策措施。加快智慧旅游发展，培育智慧旅游沉浸式体验新空间新场景。推动科技赋能旅游，进一步推进新技术在旅游场景广泛应用，更好发挥国家旅游科技示范园区作用，提升旅游产品和服务的科技含量。”“建设一批富有文化底蕴的世界级旅游景区和度假区。实施文旅产业赋能城市更新行动。打造一批文化特色鲜明的国家级旅游休闲城市和街区。指导推进国家 5A 级旅游景区和国家级旅游度假区建设。开展文化产业赋能乡村振兴试点，推动提升乡村旅游运营水平。推出一批全国乡村旅游重点村镇、乡村旅游集聚区、国际乡村旅游目的地。”“推进‘旅游 +’和‘+ 旅游’，促进旅游与文化、体育、农业、交通、商业、工业、航天等领域深度融合。建设国家文化产业和旅游产业融合发展示范区，打造新型旅游消费目的地。拓展旅游演艺发展空间，发展特色旅游演艺项目，推动旅游演艺提质升级。培育文体旅、文商旅等融合发展的新型业态，打造‘跟着赛事去旅行’‘寻味美食去旅行’品牌项目。推进全国红色旅游融合发展示范区、重点区建设。推动建设一批非物质文化遗产特色景区和国家级非物质文化遗产体验基地。”“优化旅游消费服务。推动优化景区预约管理制度，准确核定景区最大承载量，进一步提升便利化程度。优化消费场所空间布局，完善商业配套。建立健全质量分级制度，促进品牌消费、品质消费，切实提升游客消费体验。”“推进平台载体建设。加强国家文化和旅游消费示范及试点城市建设，推动示范城市提质扩容，强化动态考核，更好发挥示范引领作用。推动示范及试点城市加强消费联动及产业协作。推动国家级夜间文化和旅游消费集聚区规范创新发展，开展 24 小时生活圈建设试点，提升夜间消费品质。”“实施消费促进计划。开展‘百城百区’金融支持文化和旅游消费行动计划，鼓励各地与中国银联、合作银行、平台企业等加强合作，实施消费满减、票价优惠、积分兑换等惠民措施。开展全国文化和旅游惠企乐民活动，组织各地结合法定节假日、传统节日和暑期等旅游旺季，因地制宜推出消费惠民措施，举办丰富多彩的文化和旅游惠民活动。”“加强标准制定实施。完善旅游标准体系，以促进旅游产品升级和服务品质提升为导向，加大标准制修订力度，提高标准实施应用水平和效果。推动实施旅游民宿国家标准，制定民宿管家服务规范行业标准，开展《导游服务规范》等旅游业国家标准宣贯工作。”“加大文明旅游宣传力度。培育行业文明旅游工作标杆，发挥引领作用。开展系列宣传实践活动，征集发布文明旅游宣传引导典型案例，发布文明旅游出游提示，营造文明旅游环境。”[①] 一系列的政策计划进一步挖掘、释放了旅游消费潜力，从而推动旅游业实现质的有效提升和量的合理增长，进而更好满足广大人民群众多层次旅游消费需求。

现在，文化旅游产业已经进入新的创新阶段，不仅立足历史型文化旅游，在民族文化、古都文化等方面也形成了特色的发展模式，如体育、会展、演出等活动与旅游业的结合，旅游开发经营方式、旅游市场主客关系及旅游消费方式都已经逐渐发生变化，极大提升了旅游业的综合效益。

第三节　文化和旅游产业融合发展的重要意义和研究价值

一、文化和旅游产业融合发展的重要意义

推动文化产业与旅游产业的深度融合，是根据党中央、国务院作出的重大决策部署，旨在促进这两个产业的相互作用和融合发展，实现产业的转型升级和质量效益的提升。这一战略决策在当前国家经济社会发展的大背景下显得尤显重要。在稳定经济增长、调整经济结构、推进改革开放以及提升民众生活质量等方面，文化与旅游产业的深度融合发展具有不可替代的重要作用。

首先，进一步加强文化产业与旅游产业融合，即发展的理念。从一方面来看，深入挖掘和利用文化资源、文化遗产以及文化传统，不仅可以丰富旅游产品和服务的内涵，而且能够在游客体验、感受和认识不同文化的过程中促进文化的传播，这不仅有助于扩大文化的影响力和提升文化的软实力，还能促进旅游目的地文化的交流和价值的实现。另一方面，将文化创意和设计服务与旅游产业相融合，对于提高旅游产业的质量和竞争力至关重要。这种融合不仅是顺应世界旅游发展的大趋势，也是众多国内外文化旅游业发达地区取得成功的关键做法。

其次，进一步确立文化产业与旅游产业之间互利共赢的理念。文化产业与旅游产业在现代服务业中占据着极为重要的位置，两者虽然在内涵和功能上存在明显的差异，但实际上是密不可分的。文化是旅游的灵魂，而旅游则是文化的重要载体。文化和旅游的深度融合不仅可以提升旅游的内涵，还可以实现文化的价值，

① 中国政府网．文化和旅游部关于印发《国内旅游提升计划（2023—2025 年）》的通知[EB/OL].(2023-11-1)［2023-11-10].https：//www.gov.cn/zhengce/zhengceku/202311/content_6914996.htm.

推动文化的传承和繁荣。因此，融合发展应是一个既重视经济效益，也注重社会效益的过程，旨在实现两个产业的互利共赢。

最后，进一步强化文化产业与旅游产业一体化发展的理念。文化产业与旅游产业的融合是一个长期且复杂的过程，需要通过不断的努力和探索来实现。这要求在实践中不仅要加强两个产业基础资源、生产要素和产业链各环节的有效整合，还要实现理念、载体、市场的共享融通。构建一体化的组织结构、管理体制、发展规划和政策措施可实现两个产业的深度融合，从而使文化旅游产业成为国民经济的重要支柱之一。这种一体化发展不仅要求我们立足当前，增强紧迫感来取得实际效果，同时也要立足长远，持续推进融合发展，以文化的独特魅力提升旅游吸引力，利用旅游产业推广和文化保护，实现文化与旅游的共生共赢。

二、文化和旅游产业融合发展的研究背景和研究价值

产业融合作为一种经济领域中的现象，涉及产业界限因适应产业增长而发生的缩减或消失。此现象已逐渐转变为全球经济发展的主流趋势，对产业结构及其边界重塑造成了深刻的影响。信息技术的快速进步，尤其是那些属于高新技术范畴的，以及消费者需求的变化正驱动着产业界限逐步模糊化，促进了不同产业间的融合，并催生了新的业态。

在产业创新方法论中，产业融合被视为一种创新模式。著名经济学者迈克尔·波特（Michael Porter）在其《国家竞争优势》理论中明确提出了国家竞争力发展经历的四个阶段：生产要素导向、投资导向、创新导向以及财富导向。目前，我国的文化产业与旅游产业在经历了多年的迅猛发展后，正处于由投资导向向创新导向转变的关键时期，创新已成为推动这两大产业发展的关键力量。近期，随着这两大产业的快速扩张，其融合的方式日趋多样化，融合的范围与深度不断扩大，由此产生的新业态数量也在持续增加。文化产业与旅游产业的深度融合，不仅促进了文化旅游产业系统内的产品、经济和组织结构的深层次变革，而且，这两大产业之间的天然联系使得基于融合的创新成为提升其竞争力的关键途径。

伴随信息技术及互联网技术的革新与普及，产业融合已显著成为新经济时代的核心议题。国内众多学者，如厉无畏等，将产业融合定义为不同产业或同一产业内部的各个行业通过互相渗透和交叉，最终合而为一，形成新产业的动态发展进程。这一进程的显著特点在于，通过产业融合而形成的新产业或增长点的出现。文化产业和旅游产业作为 21 世纪的朝阳产业越来越受到中国政府的重视。当前，

文化产业和旅游产业都已经上升为国家战略性产业，在国民经济中的地位日益凸显。旅游产业和文化产业的互动与融合有利于区域文化、经济、社会的协调发展，并从根本上推动中国旅游产业与文化产业的大发展。

（一）研究背景

文化产业和旅游产业都属于精神产品生产的范畴，文化产业和旅游产业融合现象在以创新为先导的复合性文化旅游产业中表现尤显突出，文化产业和旅游产业的融合改变了文化产业和旅游产业的自主创新方式和发展模式，极大地推动着两大产业的成长和发展，这也是本研究的大背景。接下来将展开论述世界经济结构发展和全球产业融合发展两大趋势。

世界经济结构发展大趋势。在工业化的早期阶段，国内生产总值（GDP）中的第一、第二、第三产业的比重分布呈现为“一、二、三”的趋势。随着工业化进程的深入，特别是金融、保险、医疗及教育等第三产业的快速增长，产业结构开始向更加柔性的方向转变，这一变化使得 GDP 中三个产业的比重格局逐步演变成“三、二、一”的新态势。第三产业内部的就业结构和利润结构继续分化和集中，在 20 世纪 60 年代，日本的经济学者坂本二郎提出了“第四产业”的概念。这一概念旨在将第三产业中的脑力劳动服务与体力劳动服务进行区分，并将脑力服务部分作为独立的第四产业，进一步细化产业分类。随后，在 1970 至 1980 年代，日本经济学者如日下公人进一步提出，应从第三产业和第四产业中提炼出满足人类心理需求的文化服务及创造性活动，将其定义为第五产业，以此反映产业发展的新趋势，并预言未来的产业由文化、产业两部分组成，文化经济化、经济文化化、文化经济一体化将成为世界经济发展的趋势。丹麦的未来学家沃尔夫·伦森则预见到，继狩猎社会、农业社会、工业社会以及信息社会之后，人类社会将迈入一个重视梦想、探险、精神和情感生活的梦幻社会。在此社会中，人们的消费焦点将更多地转向精神层面的需求。未来学家的预言目前已变为现实并影响着我们每个人的生活。以满足人们精神生活需求的文化产业和旅游产业作为时代发展的潮流，将会得到进一步大发展。两者的天然血缘关系，也注定了两者的互动、融合和共生发展也必然是发展的主流。

全球产业融合发展的大趋势。在过去几十年里，世界经济结构经历了显著的变化，从以制造业为主的工业经济时代逐步过渡到以服务为主导的服务经济时代，最终演化到注重消费者体验的体验经济时代。这一变迁不仅推动了经济全球化的加速发展，还使得消费者的需求变得更加个性化和多样化。随着消费者对产品和服务体验的重视日益增加，市场对于新型经济模式的需求促进了产业之间的融合和界限的模糊，引发了广泛的关注和讨论。产业融合这一概念最早可以追溯到罗森伯格（Rosenberger）对美国机械工具业演化的研究，在 20 世纪 70 年代末期开始受到学术界和产业界的广泛关注。产业融合的基本思想是，在技术进步和管制放松的背景下，不同产业之间发生技术和资源的交叉融合，这不仅改变了原有产业产品的特性和市场需求，也使得企业之间的竞争和合作关系发生了根本性变化。这种变化导致了产业界限的逐渐淡化，甚至在某些情况下，产业界限被重新定义，从而催生了全新的产业和增长点。从 20 世纪七八十年代开始，产业融合现象逐渐增多，特别是在信息通信业，这种融合现象尤为明显。随着信息技术的飞速发展，它与其他行业如金融、物流、能源乃至制造业的融合，不仅促进了这些行业的创新和变革，还引领了新的产业增长趋势。这种跨界融合不仅提升了产业生产率和竞争力，也为经济转型和产业升级提供了新的动力和方向。随着技术的持续更新和经济全球化趋势的加深，产业融合作为一种新兴的发展模式和产业组织形式，正在全球范围内展现出强大的发展势头。这不仅表明产业融合已成为当今世界经济发展的重要特征，也预示着在未来，跨界合作和产业融合将继续作为推动全球经济发展的关键力量。因此，无论是企业、政府还是学术界，都需要深入理解产业融合的内涵和趋势，积极适应并引导这种变化，以充分利用其在促进经济增长和社会发展中的潜力和优势。

产业融合作为产业发展过程中一个新出现的经济现象，裹挟其中的文化产业和旅游产业的融合，相比较而言，要比其他产业间的融合范围、融合程度、融合形式和融合变化等方面要复杂得多。

文化产业与旅游产业有共同的本质属性。在当今社会，文化产业与旅游产业作为现代经济体系中重要的两部分，虽然各自拥有独特的技术、产品、业务流程、运作模式和市场边界，但它们之间存在着密切的联系和相互作用，共同促进了经济和社会的全面发展。这两个产业都充分融合了文化与经济的属性，不仅对扩大国内消费需求、促进经济发展模式的转变、推进产业结构的优化和提升起到了重要作用，而且还展现了地域性、休闲性、经济性、传承性和创造性等共同特征。从产业互动的角度来看，两者之间的联系日益紧密，相互促进，共同发展。从文化产业的角度看，文化不仅是旅游的灵魂和重要内容，而且文化的丰富多样性和独特性是形成旅游特色和魅力的关键。文化元素的融入，使得旅游产品更具吸引力和竞争力，同时也为文化的传播和推广提供了广阔的平台。旅游活动成为人们文化生活的重要组成部分，文化消费在旅游消费中占据了重要地位，为文化产业的发展注入了新的活力。从旅游产业的视角出发，旅游不仅是文化的重要载体和传播渠道，也是文化交流的有效方式。通过旅游活动，人们有机会亲身体验不同的文化，增进对文化多样性的理解和尊重。旅游的发展有力支撑了文化的繁荣，同时旅游产业的蓬勃发展也为文化产业提供了更加广阔的市场空间和发展机会。

当探讨旅游、文化与经济时，人们不仅看到了三者在不同领域内的相互作用和影响，更能体会到它们之间内在的相互渗透和融合。旅游、文化和经济作为人类文明的重要产物，始终是紧密联系的。旅游活动不仅是通过消费服务来实现的，同时也是在旅游需求与供给过程中发生的各种经济关系的体现。经济发展离不开人的主体性作用，文化价值的承担和传播也同样由人来完成。经济运行与文化的深层次联系表明，文化通过对人的思想、价值观和行为方式的规范与塑造，在经济运行中起到不可或缺的作用。

旅游、经济与文化的发展不仅仅是简单的板块组合，也不是传统意义上的机械联系，而是一种内在的相互渗透、相互作用和融合。在这个过程中，追求物质产品的精神内涵和文化享受，提高生活质量和生命的意义成为人们的终极追求。文化成为旅游产品创意、策划、服务和销售过程中的重要元素，随着文化内涵丰富且独具特色的旅游产品的需求不断增长，旅游文化消费已经成为一种大众化的消费需求。随着人们对旅游体验的日益重视和旅游惯性消费的形成，产品价格竞争的意义逐步降低，旅游产品的营销和服务越来越重视文化附加值和文化力量。旅游、经济、文化的发展趋势，不仅表现为旅游的文化化、文化的经济化，而且还体现在旅游、经济与文化之间的相互渗透、相互作用和相互影响。这一趋势的发展表明，当制度、技术等层面的手段被充分利用之后，竞争力的持续提升和价值的创造更多依赖于文化因素，如价值观、人力资源等，这些都是推动经济和社会发展不可或缺的力量。

现代文化产业和旅游产业发展的现实需求是发展现代文化产业和旅游产业，是推进现代服务体系建设和提升国家软实力的重要任务。而两大产业的融合，会更进一步帮助其实现任务。以产业融合推进现代文化产业和旅游产业发展，包括现代科技和创意对文化产业和旅游产业的提升和改造，也包括与市场机制关联的一系列经营制度建设。就现代文化旅游产业体系建设来看，推进文化产业和旅游产业的融合发展主要包括两个方面内容。

第一，产业融合使两大产业体系的横向辐射范围扩大，改变了传统的观光旅游和文化传播、普及的狭窄发展领域。文化产业特殊的需求规律和为实现片面经济效益等原因造成文化产业体系的相对简单化、固定化。通过文化产业和旅游产业的融合，文化产业的产业幅度不再仅仅局限于通过创意、加工、制作等手段把文化资源转换为各种形式的文化产品等狭窄的生产领域，而是把触角延伸到更广泛的产业领域和经营区域，突破了原有的内涵式发展模式，发展空间变得开阔起来。对于旅游产业来说，传统的旅游业往往过度依靠自然景观和人文历史遗产，主要通过观光活动进行资源的利用，这导致了资源的利用效率并不高，产生的经济附加值相对较低，且在文化表现方面缺乏深度。随着产业融合策略的提出，作为产业分化与重组的新途径，该策略通过促进不同产业间的技术整合、功能互补、市场共享以及价值联合，促成了新业态或产业经济新增长点的出现。特别是文化和旅游产业的深度融合，促进了旅游网站、新媒体平台（如微博、影视作品）、创新服务、休闲体验以及演艺产品等一系列创新产业模式的诞生。这种融合不仅转变了文化与旅游产业的产品和服务形态、组织结构及其竞争格局，而且显著增强了文化资源与旅游资源的价值与功能，进而塑造了一个具有强烈体验性和参与性的高价值文化旅游产业生态。产业融合下新的文化旅游产业的形成和系列化，不断扩充着两大产业的幅度并使两大产业的产业体系日趋丰富和完善。

第二，产业融合推动文化旅游产业内涵和产业关联的纵深发展，有利于改善文化旅游产业的脆弱性和敏感性，并使之向现代的强势产业转变。就单独的文化产业和旅游产业来说，深入思考两大产业的关联产业及其之间的关系可以看出，依存度表面上不可或缺，但有机联系不够。两者产业体系幅度较窄，产业涵盖的范围也不是太大。旅游资源和文化资源的初加工或低加工程度影响了两大产业生产经营的增值空间。

强大的市场供应需动力背景。我国经济发展的重要特色就是地方政府主导的区域竞争模式，文化产业和旅游产业的发展一定程度上复制了这种模式。

诚然，初期发展阶段，财政支持和政策优惠是文化产业和旅游产业得以迅速发展的关键条件，但相关措施超过了一定限度必然会造成产业竞争力下降。由于宏观经济放缓，地方政府因财力萎缩不得不更多考虑民营资本的进入，更加关注依靠市场内生动力发展文化产业和旅游产业。

站在市场需求的角度来讲，随着居民收入和消费能力的增加，人们对于文化和旅游产品的需求已经从过去的单一和静态转变为追求复合性、差异性、体验性及延展性。这种多样化的需求促使文化产业和旅游产业必须保持开放性，加速行业间的融合，并利用市场信号引导资源在不同产业间进行流动和配置。从供给侧来看，文化和旅游产业的融合不仅丰富了产品和服务的组合，还分散了经营风险，并通过多样化的经营策略产生协同效应。因此，无论是从市场需求还是供给侧来看，市场力量都是推动文化与旅游产业融合的关键因素。

（二）研究价值

文化产业和旅游产业的融合是伴随体验经济时代发展而需要大力推进的一种产业演化模式或范例。从两个产业的范围、功能和意义来说，两大产业融合可以用“科学革命”这一词语来描述。目前，我国正经历从生产社会向消费社会的转变，文化产业和旅游产业也正在发生根本性的变化。

1. 研究的理论价值

（1）能够进一步丰富产业经济理论

由于文化产业和旅游产业的融合系统相对而言要复杂得多，从时空角度和内在产业关联角度来说，文化产业和旅游产业融合的研究范围要超越两大产业本身，因此，其研究更加具有典型性、代表性和普适性。深入探究文化产业与旅游产业融合的内部机制，可以从无形之中揭示不同产业与企业之间的相互作用关系，进而系统化地建立产业融合的理论框架，为产业融合理论的进一步发展提供理论支撑。此外，对文化和旅游产业融合发展的研究，亦可扩大当前产业经济理论研究的边界，将多种性质、不同领域以及跨时空的产业与企业关系并入产业经济理论研究的视野之中，从而推动产业经济理论体系的完善。然而，尽管产业融合在实践领域呈现出蓬勃的发展态势，学术界对于该领域的深层理论问题的探讨仍显不足，这与实践的发展热潮形成了鲜明对比。为采取更加有力的政策和措施推动两大产业的融合和创新发展，正确认识和准确把握文化产业和旅游产业融合的本质和规律十分必要。

（2）推进文化产业和旅游产业融合理论

产业融合的起源可以追溯到数字技术的产生，该技术引发了产业界限的模糊化。早期的学术研究主要视产业融合为一个局限于技术领域的现象。然而事实上，产业融合涵盖了更广泛的领域，包括服务模式、商业模式、产品设计以及产业链的运作方式等，这揭示了基于更广泛的社会经济背景进行的理论研究具有更强的普遍性和实用性。因此，产业融合不仅是技术层面的挑战，而且是一种跨多个领域的综合性新兴模式。

在文化产业与旅游产业融合的过程中，从自然融合的早期阶段到依托创意与技术的深度融合中期阶段，再到后期的广泛扩散阶段，该过程展现了遵循特定内在发展逻辑和外在融合特性的客观现象。尽管关于这两个产业融合的研究成果已经在动因、范围、影响及形式等方面取得了一定程度的积累，但对于融合的具体机制、路径、模式及价值链的探索仍显零散且缺乏系统化。这些细节对于深入理解产业融合的深层含义、指导产业发展策略及制定科学的产业政策具有重要意义。基于此，未来的研究工作应当专注于这些领域，致力于构建一个系统化的理论框架，以促进文化产业与旅游产业的有效融合。

2. 研究的实践价值

文化产业和旅游产业融合研究的最大的价值不只在于理论的创新性与战略性，而在于其对我国文化产业和旅游产业整体发展模式的可指导性与实用性。

（1）可更好指导企业实践与产业政策制定

文化产业和旅游产业的融合不仅涉及服务、商业模式和社会运作等方面，还涉及创意产业、业态更新、新型业态和组织运营管理更新和多角度审视市场等方面。在当前的社会经济背景下，文化旅游企业及政府相关的职能管理部门对文化产业与旅游产业融合过程中的内在规律缺乏深刻和全面的理解，这种局限性导致诸多文化和旅游企业，以及政府机构在面临这两大产业结合所带来的挑战及机遇时，未能有效地制定出基于科学原理的战略规划或决策，抑或在策略规划或决策制定过程中，存在明显的犹豫不决的态度，致使错过了宝贵的发展机遇。对文化产业和旅游产业融合的内在机制、融合路径、融合模式、价值增值机理等方面进行系统全面的研究，可以为企业制定发展战略和发展对策提供理论指导，提升资源价值、改进运营质量、更好满足需求，促进文化企业和旅游企业产品和运营模式的升级与重构，进一步提升发展质量，释放经济文化功能。同时，促使我国政府制定出更加符合文化产业和旅游产业发展现实和趋势的产业政策，进一步促进两大产业结构的融合与升级，增强我国文化旅游企业与产业的竞争力，从而提升我国各方面软实力。

（2）促进传统文化的保护和传承

经济全球化背景下，国家间竞争已从单纯依靠经济实力、政治实力与军事力量的方式转化为以信息技术、知识产权以及文化等软实力为主的综合国力的竞争上来。文化产业和旅游产业的融合，形成了独有地域传统文化特色的旅游产品，通过文化旅游消费者对文化的消费，潜移默化地传播了文化。同时，文化产业和旅游产业的融合，以文化旅游产业资本运营的形式完成了传统文化的价值实现，提升了文化传承者对文化价值的重新审视，从而增强了文化自觉、文化认同。过去由于我们对传统文化资源的忽视，加上融合理念和配合技术的落后，导致民族文化和传统文化被抢夺，《花木兰》被迪士尼改成美国大片，受河南西峡恐龙蛋启发而制作的《侏罗纪公园》……这些都值得深思和反省。文化产业和旅游产业的融合可以获得后天的文化产权，这些后天获得的文化产权通过文化旅游资本的运营，再次将相关的文化旅游产品输出，在"文化原产地"获得巨大的经济效益和社会效益。文化产业和旅游产业的融合是一种很好的文化保护途径，也是提升文化竞争力的最有效途径。

（3）适应产业环境变化的理论指导需要

文化企业和旅游企业处在一定的产业环境中，而产业环境受到多方面因素的影响。任何一股力量的变化既会导致产业环境的变化，又会影响企业自身的经营模式和产品形态，甚至使原来的经营模式和产品形态变得不再适用，这就要求企业对经营模式和产品形态进行创新，使其更符合现实环境和市场需求。由此，企业以超前性、开放性、自觉性的思维方式对经营模式和产品形态进行融合创新，将十分有助于企业应对产业环境的变化和挑战，也有助于保证企业平稳健康地成长。为了确保旅游产业与文化产业的融合发展能够有效地进入一个新的发展阶段，为两者的质量提升及转型升级开拓新的机遇，必须采取一个全面细致的分析方法。这意味着，需要从多个维度，包括应然与实然、理论与实践、需求与供给以及政府与市场之间的关系进行考量。这种全方位、多层次的分析可以明确地界定旅游和文化产业融合发展的理论基础、战略目标、内部驱动力、互动环节以及促进策略。这样的方法不仅有助于深入理解两个行业融合的复杂性，还能够识别并实施有效的措施来促进其发展，从而为旅游业和文化产业带来质的飞跃和持续的增长。

第二章　文化旅游产业发展现状与趋势

本章为文化旅游产业发展现状与趋势，主要介绍了三个方面的内容，依次是文化旅游产业发展背景、文化旅游产业发展现状、文化旅游产业发展趋势。

第一节　文化旅游产业发展背景

从实践的角度来看，文化旅游产业在我国已成为经济社会发展中最具活力的新兴产业。驱动我国文化旅游产业高速发展的背景要素主要有以下几个方面。

一、丰厚的文化旅游资源

我国幅员辽阔，历史悠久，其丰厚的文化旅游资源为文化旅游产业的发展奠定了坚实的资源基础。我国既有人类文化遗址、古城阙遗址等古代人文旅游资源，又有游乐园林、主题公园、康体运动设施等现代人文旅游资源；既有具象的历史、现代人文吸引物，又有抽象的民间风情、传说典故；既有悠久的古代历史文化遗迹，也有鲜活的现代生活场景。我国世界级旅游资源丰厚，世界遗产量居世界第二位，有多处世界地质公园。截至 2023 年 5 月，中国已有 34 个自然保护地被联合国教科文组织评定为世界生物圈保护区，在亚洲位列第一[①]。另外，国家级、省级、县级及地方各类文化旅游资源数量及类型均较为丰富。

二、不断完善的文化产业政策

《文化部国家旅游局关于促进文化与旅游结合发展的指导意见》标志着我国在文化旅游发展策略领域的首个文件出台，为后续文化旅游产业发展政策的推进奠定了基础，如表 2−1−1 所示。该政策的实施，为文化与旅游的深度融合初步建

① 新华社．第五届世界生物圈保护区大会将于 2025 年在杭州举办[EB/OL].（2023−06−13）[2023−11−5].https://www.gov.cn/yaowen/liebiao/202306/content_6886087.htm.

立了平台，开辟了我国文化旅游产业独立发展的新模式，并出台了多项措施以促进两者的结合，从而为我国文化旅游业的迅速成长提供了坚实的制度支撑。

表 2-1-1　2009 年以来与文化旅游产业发展相关的政策文件

时间	发文机关	文件	文化旅游发展政策内容
2009 年 8 月	文化部、国家旅游局	《文化部国家旅游局关于促进文化与旅游结合发展的指导意见》	打造文化旅游系列活动品牌；打造高品质旅游演艺产品；利用非物质文化遗产资源优势，开发文化旅游产品；实施品牌引领战略，引导文化旅游产品开展品牌化经营；鼓励主题公园、旅游度假区设立连锁网吧、游戏游艺场所；举办文化旅游项目推介洽谈会，推动文化旅游企业开展合作；深度开发文化旅游产品（纪念品）；加强文化旅游资源产品的市场推广，积极培育文化旅游人才；规范文化旅游市场经营秩序
2009 年 9 月	文化部	《文化部关于加快文化产业发展的指导意见》	促进文化和旅游相结合，以文化提升旅游的内涵，以旅游扩大文化的传播和消费。打造文化旅游系列活动品牌，扶持其有地方、民族特色和文化旅游项目，建立《文化旅游节庆活动扶持名录》和《国家文化旅游重点项目名录》。鼓励对演艺与旅游资源整合，在知名旅游景区打造高品质有特色的演艺精品。在有效保护的基础上，对历史文化名城、文物古迹进行科学开发利用，合理开发传统手工技艺类和表演类非物质文化遗产。深度开发文化旅游工艺品，提升品位，拓宽市场
2009 年 9 月	国务院	《文化产业振兴规划》	扩大文化消费。开发与文化相结合的教育培训、健身、旅游、休闲等服务性消费，带动相关产业发展
2009 年 12 月	国务院	《关于加快发展旅游业的意见》	大力推进旅游与文化、体育、农业、工业、林业、商业、水利、地质、海洋、环保、气象等相关产业和行业的融合发展。丰富旅游文化内涵。把提升文化内涵贯穿到吃住行游购娱各环节和旅游业发展全过程。旅游开发建设要加强自然、文化遗产保护，深挖文化内涵，普及科学知识。旅游商品要提高文化创意水平，旅游餐饮要突出文化特色，旅游经营服务要体现人文特质。要发挥文化资源优势，推出具有地方特色和民族特色的演艺、节庆等文化旅游产品。充分利用博物馆、纪念馆、体育场馆等设施，开展多种形式的文化旅游活动。集中力量塑造中国国家旅游整体形象，提升文化软实力

续表

时间	发文机关	文件	文化旅游发展政策内容
2011 年 10 月	中国共产党第十七届中央委员会	《中共中央关于深化文化体制改革、推动社会主义文化大发展大繁荣若干重大问题的决定》	推动文化产业与旅游、体育、信息、物流、建筑等产业融合发展。积极发展文化旅游，促进非物质文化遗产保护传承与旅游相结合，发挥旅游对文化消费的促进作用
2011 年 11 月	国家旅游局	《国家旅游局关于进一步加快发展旅游业促进社会主义文化大发展大繁荣的指导意见》	科学引导和积极培育健康丰富的旅游文化。继续加强文化旅游精品建设。一是要重点支持一批全国性的文化旅游活动品牌，逐步建立国家和地方层面的文化旅游活动重点名录库。二是围绕非物质文化遗产的传承保护推出一批旅游精品。三是继续提升一批具有地方文化特色的旅游演艺精品。四是继续引导、支持和规范文化旅游名街、名镇发展，加快推进文化旅游实验区、示范区建设，探索建设文化旅游特色产业聚集区。五是要继续鼓励创意和制作具有地方文化特色的旅游工艺品、纪念品，不断丰富中国特色旅游商品体系
2012 年 2 月	中共中央办公厅、国务院办公厅	《国家“十二五”时期文化改革发展规划纲要》	加快发展文化产业，积极扩大文化消费。积极发展文化旅游，促进非物质文化遗产保护传承与旅游相结合，提升旅游的文化内涵，发挥旅游对文化消费的促进作用，支持海南等重点旅游区建设
2012 年 2 月	文化部	《文化部“十二五”时期文化产业倍增计划》	科学编制文化旅游发展规划。打造文化旅游特色产业集聚区、全国文化旅游实验区、国际知名旅游演艺及文化旅游系列活动品牌。对历史文化名城、文物古迹、手工技艺类和表演类非物质文化遗产进行开发利用，深度开发文化旅游工艺品。从 2010 年开始，文化部、国家旅游局每 4 年推出一个中国文化旅游主题年，每 2 年举办一个中国国际文化旅游周，定期发布《国家文化旅游重点项目名录》
2013 年 2 月	国务院办公厅	《国民旅游休闲纲要（2013—2020 年）》	推动带薪休假制度落实，推动有条件的地方制定鼓励居民旅游休闲消费的政策措施，提升消费水平。弘扬优秀传统文化。大力发展红色旅游，提高红色旅游经典景区和精品线路的吸引力和影响力

续表

时间	发文机关	文件	文化旅游发展政策内容
2013 年 4 月	全国人民代表大会常务委员会	《中华人民共和国旅游法》	旅游者在旅游活动中应当遵守社会公共秩序和社会公德，尊重当地的风俗习惯、文化传统和宗教信仰，爱护旅游资源，保护生态环境，遵守旅游文明行为规范
2019 年 4 月	文化和旅游部	《关于促进旅游演艺发展的指导意见》	牢固树立精品意识，更加突出创作生产质量，努力推出更多思想精深、艺术精湛、制作精良的旅游演艺作品。加强对文化遗产保护传承等相关题材创作的扶持，引导旅游演艺经营主体充分挖掘中华优秀传统文化中的核心思想理念、中华传统美德、中华人文精神，运用丰富多彩的艺术形式进行当代表达，推出一批底蕴深厚、特色鲜明、涵育人心的优秀作品。加强对革命文化和社会主义先进文化内涵的研究阐释，鼓励旅游演艺经营主体创作一批传播弘扬革命文化和社会主义先进文化的演艺作品。支持旅游演艺经营主体做好选题策划，夯实剧本创作等基础环节，推动各种艺术要素和技术要素高度融合，不断提高演出质量。开展积极健康的旅游演艺评论，为创作生产营造良好环境
2022 年 5 月	文化和旅游部	《“十四五”文化和旅游市场发展规划》	培育壮大市场主体，推动市场主体转型升级，培育发展新型市场主体，推动线上线下融合发展，推动文化和旅游市场融合发展；持续优化营商环境，纵深推进“放管服”改革，大力促进市场公平竞争，加强市场执法监管；推进监管能力现代化，推进“互联网＋监管”，健全文化和旅游市场信用体系，完善“双随机、一公开”监管制度，实施包容审慎监管；提升文化和旅游服务质量，构建服务质量监管和提升体系，健全安全生产保障体系，发展积极健康的网络文化，深入推进文明旅游，发挥行业组织作用；完善文化市场综合执法体制机制，深化文化市场综合执法改革，完善综合执法管理体制，健全综合执法运行机制；强化市场监管制度化建设，完善政策法规，健全标准规范，加快制度创新，健全消费者权益保护机制；构建高质量发展支撑体系，建立高素质人才队伍，加强综合执法队伍建设，加强信息统计与数据分析，注重调查研究

续表

时间	发文机关	文件	文化旅游发展政策内容
2022 年 8 月	中共中央办公厅、国务院办公厅	《“十四五”文化发展规划》	依托文化资源培育旅游产品、提升旅游品位，让人们在领略自然之美中感悟文化之美、陶冶心灵之美。深入挖掘地域文化特色，将文化内容、文化符号、文化故事融入景区景点，把社会主义先进文化、革命文化、中华优秀传统文化纳入旅游的线路设计、展陈展示、讲解体验，让旅游成为人们感悟中华文化、增强文化自信的过程。打造国家文化产业和旅游产业融合发展示范区，建设一批富有文化底蕴的世界级旅游景区和度假区，打造一批文化特色鲜明的国家级旅游休闲城市和街区。推动博物馆、美术馆、图书馆、剧院、非遗展示场所、对社会开放的文物保护单位等成为旅游目的地，培育主客共享的美好生活新空间。坚持提升硬件和优化软件并举、提高服务品质和改善文化体验并重，在旅游设施、旅游服务中增加文化元素和内涵，体现人文关怀
2023 年 9 月	国务院办公厅	《关于释放旅游消费潜力推动旅游业高质量发展的若干措施》	加大优质旅游产品和服务供给。推进文化和旅游深度融合发展。引导戏剧节、音乐节、艺术节、动漫节、演唱会、艺术展览、文旅展会等业态健康发展，丰富“音乐＋旅游”“演出＋旅游”“展览＋旅游”“赛事＋旅游”等业态。开展中国文物主题游径建设和“读万卷书行万里路”文化主题旅游推广活动。有序发展红色旅游，保护好、管理好、运用好红色资源。推进文化和旅游产业融合发展典型示范
2023 年 11 月	文化和旅游部	《国内旅游提升计划（2023—2025 年）》	创新旅游产品体系，针对不同群体需求，推出更多满足市场需要、富有特色的旅游产品、旅游线路，开发体验性、互动性强的旅游项目，着力推动研学、银发、冰雪、海洋、邮轮、探险、观星、避暑避寒、城市漫步等旅游新产品。发展绿色旅游，推动出台推进绿色旅游发展的政策措施。加快智慧旅游发展，培育智慧旅游沉浸式体验新空间新场景。推动科技赋能旅游，进一步推进新技术在旅游场景广泛应用，更好发挥国家旅游科技示范园区作用，提升旅游产品和服务的科技含量

三、坚实的经济基础

旅游产业的兴起是近代产业革命的直接结果，它依赖于两个基本条件：闲暇时间和经济能力。在没有稳固的经济基础支撑下，旅游活动的发展是受限的，进而旅游产业的形成也将无从谈起。同样，文化产业的出现标志着社会经济到达了一个新的阶段。随着社会物质水平的持续提升和休闲体验时代的兴起，根据美国心理学家马斯洛（Maslow）的需求层次理论，人们的消费需求开始从基本的物质需求转变为追求更高层次的精神文化满足。因此，旅游产业与文化产业不仅仅是经济发展的产物，它们的成长同样根植于经济的坚实基础之上，这一基础为文化旅游产业的发展提供了丰富的资源。国民收入的不断提高促使人们对旅游需求质量及层次的要求也不断增多，文化旅游作为旅游的高端产品，其出现给旅游业带来了新的生机和商机。

四、市场需求的转型

在物质富裕和可支配收入增加的当下，旅游消费者的偏好已从传统的观光型旅游逐渐转变为追求休闲和体验的旅游，表现出对多样化、个性化、文化化及体验化需求的增长。这种趋势不仅体现了人们对精神文化层面追求的提高，也反映了消费者愿意为独特体验、经历支付费用的想法。这种变化为文化旅游产业的发展开辟了广阔的市场空间，并为其快速成长提供了优越的条件。文化旅游产品不仅能够满足游客对休闲娱乐的基本需求，更关键的是，它能为游客提供难忘的文化体验，增强他们的文化认同和满足感。

五、旅游产业转型升级

自改革开放以来，中国经历了快速的经济和社会发展，这一过程中旅游业也迎来了巨大的变革。面对不断变化的发展条件、游客日益增长的多元化需求以及不断变化的市场环境，旅游业的转型升级变得尤为重要。在这个背景下，文化与旅游产业的深度融合提上日程，它不仅是推动旅游业转型升级的一个重要方向，也是激发新的增长动力的关键。加强文化和旅游的结合，深度挖掘旅游资源中蕴含的丰富文化内涵，并努力提升旅游产品和服务的文化品质，可以有效地推动旅游业向着差异化、品牌化的方向发展，进一步提升游客的满意度和体验感。

为了实现文化与旅游的深度融合，中国采纳了三种不同的模式：延伸型、重组型和渗透型，如表 2-1-2 所示。延伸型模式主要通过扩大产业间经济活动的功能互补性和延伸性，实现不同产业之间的有效融合。这种模式使得各个产业能够在价值链的不同环节上进行延伸，从而突破了传统产业的边界，促进了文化产业和旅游产业的深度结合。重组型模式则是对文化和旅游产业中的核心价值环节进行提取和整合，重构新的文化旅游产业链，这种产业链不仅保留了文化和旅游的特色，还通过产业重组促进了旅游产业的升级和品质提升。渗透型模式依赖于技术创新，让文化和旅游产业的价值链环节在全面或部分上渗透到对方产业中，实现了两个产业的深度交融。这种新型的产业融合模式不仅融合了原有产业的价值链特点，还极大地增强了产业的增值能力，为文化和旅游产业带来了新的发展机遇。

表 2-1-2 文化产业与旅游产业的融合类型和产品形式

<table>
<tr><th>融合模式类型</th><th>文化旅游产品类型</th><th>文化旅游产品代表</th></tr>
<tr><td rowspan="4">延伸型融合</td><td>实景演艺业</td><td>“印象系列”</td></tr>
<tr><td>文化创意产业园区</td><td>北京 798 艺术区</td></tr>
<tr><td>影视旅游基地</td><td>浙江横店影视旅游基地</td></tr>
<tr><td>美食旅游</td><td>西安唐乐宫</td></tr>
<tr><td rowspan="5">重组型融合</td><td>节庆旅游</td><td>青岛啤酒节</td></tr>
<tr><td rowspan="3">赛事旅游</td><td>北京奥运会</td></tr>
<tr><td>上海世博会</td></tr>
<tr><td>西安世园会</td></tr>
<tr><td>会展旅游</td><td>西安曲江国际会展中心</td></tr>
<tr><td rowspan="3">渗透型融合</td><td rowspan="3">主题公园</td><td>迪士尼乐园</td></tr>
<tr><td>深圳华侨城</td></tr>
<tr><td>北京欢乐谷</td></tr>
</table>

续表

融合模式类型	文化旅游产品类型	文化旅游产品代表
渗透型融合	主题公园	曲江文化旅游区
	动漫乐园	深圳动漫科技园

六、文化和旅游的天然耦合性

《文化部国家旅游局关于促进文化与旅游结合发展的指导意见》指出“文化是旅游的灵魂，旅游是文化的重要载体。加强文化和旅游的深度结合，有助于推进文化体制改革，加快文化产业发展，促进旅游产业转型升级，满足人民群众的消费需求；有助于推动中华文化遗产的传承保护，扩大中华文化的影响，提升国家软实力，促进社会和谐发展。”① 文化与旅游作为第三产业的重要组成部分，彼此之间因共享相似的产业属性、模糊的产业界限等内在特性，展现出一种天然的耦合性。这种耦合性在文化旅游的需求驱动、产品与服务的供给以及旅游文化产业外部环境的共同作用下得到了不断地加强和深化。这种天然的耦合性成为文化旅游产业发展的巨大推动力。

特别是对于历史人文类的旅游目的地而言，它们之所以能吸引游客，一定程度上是因为其独特的文化价值和历史意义。游客对这些地方的兴趣往往是由对其文化象征的好奇和期待所驱动，而不一定是基于对这些地方深层次文化内涵的了解。这种基于象征意义的吸引，虽然能够促使人们前往旅游，但往往导致游客体验的浅层次化，仅限于对景点的简单游览，而不是深度的文化体验。这种现象进一步导致了旅游经济的局限性，使得旅游目的地的经济增长主要依赖于门票收入，而无法有效地开发和利用更广泛的旅游经济潜力。

然而，随着社会的发展和人们生活水平的提高，人们对旅游的目的和诉求发生了显著的变化。越来越多的人在选择历史人文类的旅游目的地时，会进行更为深入的准备工作，希望能够通过旅游活动重温历史，深刻体验文化。这种变化不仅体现在对旅游目的地文化的深入探索上，也反映出人们对旅游体验质量的更高要求。

---

① 中央政府门户网站．文化部 国家旅游局关于促进文化与旅游结合发展的指导意见[EB/OL].(2009–9–15) [2023–11–10].https：//www.gov.cn/zwgk/2009–09/15/content_1418269.htm.

鉴于此，对旅游目的地的管理和开发策略也应随之调整，不能仅仅将文化价值的表达限定在传统的传说和口号式的宣传上。而是应当深入挖掘和系统整理目的地的文化价值，通过丰富的文化展示和解说，增强游客的文化体验和参与感。这样不仅可以有效延长游客在目的地的停留时间，促进游客与当地文化的互动交流，还能够显著提升旅游产业链的经济和文化贡献。此外，对文化价值的深入挖掘和整理，还将对目的地城市的文化传承和城市化进程产生深远的影响，有助于构建独特的城市文化形象，促进城市的可持续发展。

第二节　文化旅游产业发展现状

文化旅游涉及面广、关联度高、带动性大、辐射力强，文化旅游产业逐渐成为经济社会发展中最具活力的新兴产业。目前，我国文化旅游业在旅游业和文化产业合力发展的驱动下，呈现出持续快速、逐年递增的良好发展态势。

一、文化旅游融合持续推进

在早期阶段，文化与旅游的融合被视为一个由市场需求激发的演化过程，随着经济和社会的不断发展，这种融合不仅是一种自发的市场现象，而且逐渐成为一种有意识的、主动的融合策略。文化产业和旅游产业的发展思路不断拓展，使得两者之间的融合趋势变得更加明显。在当今时代，文化与经济的融合日益加深，文化不仅为经济发展提供了强大的精神动力，其经济功能也明显增强，经济活动中的文化含量不断增加。文化在全球综合国力竞争中的地位和作用日益凸显，文化产业对促进经济增长和推动经济发展方式的转变发挥着越来越大的作用。

旅游产业作为一种融合了文化性和经济性特点的产业，成为展示文化内涵和实现文化经济价值的重要平台。推动文化产业与旅游产业的深度融合，可以更好地发挥文化在促进经济发展中的重要作用。这种融合不仅促进了文化资源的资本化和产业化，而且通过旅游产业的发展使得文化的内涵和魅力得到了更广泛的展示。目前，文化与旅游融合发展的模式呈现出多样化的特点，主要包括基于文化保护的文化（文物）展示模式、文化主题公园开发模式、文化旅游房地产模式、以创意策划包装的艺术开发模式、文化创意产业园开发模式以及高科技模拟创新模式等六种。这些模式通过不同的方式和途径，充分挖掘和利用文化资源，不仅展示了文化的独特魅力，也为文化产业与旅游产业的融合发展提供了新的思路和方向。这种融合不仅促进了经济的发展，也丰富了人们的文化生活，提高了文化的社会价值和经济价值，是当代社会发展的一个重要趋势。

二、文化旅游产业格局基本形成，业态不断创新

在历史悠久的观光类文化旅游产业中，其稳固的地位主要得益于丰富的历史文化景点和独特的民俗文化。这一产业覆盖了包括古迹遗址、传统村落、历史街区在内的文物景点旅游，以及展现地方传统习俗和生活方式的民俗风情旅游。此外，革命圣地旅游和寺庙旅游也是其重要组成部分，分别向游客展示了国家历史的重要时刻和文化信仰的深厚底蕴。

随着社会的进步和技术的发展，现代文化旅游产业应运而生，基于传统文化旅游业的基础之上，积极引入了先进的信息技术和现代化管理理念。这一新兴产业力图通过创新方式满足消费者对于文化深度、体验多样性的追求，从而诞生了一系列新型的文化旅游业态。这些新业态利用数字化方式让游客能够更加便捷地获取旅游信息，享受个性化的旅游体验，同时也为传统文化的传承与创新提供了新的平台。

在现代文化旅游产业中，其产品和服务的构成较为丰富，既包括了以文化资源为基础打造的核心产品，如各式各样的文化旅游景区、主题公园、文化展示区、博物馆等，这些产品直接向游客展示了地域的文化特色和历史价值，也包括旨在满足游客购买、纪念、收藏等需求的外延产品，如相关的书刊、影视作品、网络产品、旅游纪念品等，这些产品让文化旅游的体验得以延伸和深化。服务方面，专业服务和公共服务两大类别共同支撑着整个产业的运营，专业服务通过提供专业技术支持的文化服务，如文化演出、网络技术、文物保护等，确保了文化旅游的专业性和深度；而公共服务则围绕旅游信息、餐饮住宿、交通通信等基础服务，为广大游客提供了便利和舒适的旅游体验。这些产品和服务的有机结合共同构成了现代文化旅游产业的全貌，为游客提供了一个既能享受文化深度探索，又能满足个性化需求的旅游新选择。

三、全国性文化旅游产业集团“初露端倪”

当前，中国见证了一系列文化旅游集团的兴起，它们致力于在全国范围内构

建具有深远影响的项目。在这一趋势中，华侨城集团已在国内多地推进其文化旅游项目的布局与运营，包括华侨城度假综合体和欢乐谷项目。而身为世界500强企业的万达集团，原本以房地产业务为主，现在转型致力于文化旅游领域的开发，其旗下的长白山国际旅游度假区第一阶段已经开始运营，其他多个项目也在紧锣密鼓地建设之中。金典集团旗下的亚龙湾红树林度假世界和三亚湾红树林度假世界等项目已正式对外开放，同时，集团还有多个在建项目。这些集团的活跃布局和运营，标志着国内文化旅游产业的蓬勃发展。

但同时也应清醒地看到，当前我国文化旅游产业还存在一些问题：文化旅游产业的体制冲突、文化旅游资源的管理障碍、相关法律法规不健全等。因此，文化旅游产业的有效发展需要各个环节、各个部门的有机配合才能使产业做大做强。

第三节　文化旅游产业发展趋势

一、创新是文化旅游产业的发展之路

在文化旅游产业的蓬勃发展中，创新成为推动这一行业向前发展的关键动力。创新不仅仅局限于服务层面，更涵盖了商业模式和管理机制的全方位革新。在现代化的浪潮中，企业致力于通过服务的标准化和流程化来显著提升服务质量，这种做法显著区别于那些过度依赖个体服务技巧和管理经验的传统文化旅游业务。以携程旅游公司为例，该公司引入高科技手段，成功地将服务业务标准化，这不仅展现了文化产业发展的核心要素——培育和激发创造力，也为未来文化旅游业的管理发展指明了方向。这种创新实践不仅提高了服务效率和客户满意度，也为文化旅游产业的可持续发展奠定了坚实的基础。

二、时空扩展为现代文化旅游业延伸消费

现代文化旅游业正处于快速发展之中，在时空两个维度上进行扩展有效地增加了经济效益并丰富了游客的文化体验。一方面，将消费时间从仅限于白天或特定时段扩展到全天候服务，不仅极大地增强了游客的体验感和满意度，同时也为旅游业带来了更多的经济收入；另一方面，活动场所从传统的文化旅游景点拓展

到了能够提供更多丰富文化体验的现代化场所，如酒吧、茶吧、旅游信息交流中心等。这些新兴的消费空间不仅为城市居民提供了更多样化的文化娱乐选择，也吸引了大量旅游消费者，成为现代文化旅游的重要组成部分。通过这样的扩展，文化旅游业不仅最大化地实现了时间和空间的价值，也促进了城市文化娱乐消费空间的全面发展，满足了不同消费者对文化娱乐的多元化需求。

三、国际化给现代文化旅游业提供更大舞台

在当今世界，国际化已经成为现代文化旅游业获得更广阔发展平台的关键因素。随着经济全球化的不断深入以及服务型产业的迅速崛起，文化产业的经济价值开始显著超出以往时期的预期，逐渐成为推动国家和地区发展的一股新动力。特别是对于中国而言，随着其文化资源的不断丰富和国际影响力的增强，预计不久的将来中国将成为世界最大的旅游国之一，文化资源的价值将因此得到空前的提升。这一变化不仅意味着文化旅游消费的国际化程度将显著增加，还将推动中国文化旅游业更加迅速地发展。在此过程中，跨国文化产业的兴起以及新兴信息网络技术的应用，为中国文化旅游业的创新和进步提供了新的动力和平台，标志着一批具有国际竞争力的中国文化旅游服务企业将崛起，为中国乃至全球的文化旅游业注入新的活力。

四、技术化成为现代文化旅游业的重要支持

技术的支持对于现代文化旅游业的发展至关重要。在当今社会，互联网和信息技术（IT）的迅速发展为各行各业带来了革命性的变化，文化旅游业也不例外。互联网的普及和IT技术的应用不仅为消费者提供了便捷，还为文化旅游业的发展提供了新的可能性。将网络技术与传统文化旅游业务进行有效结合，实现了文化旅游产业的创新和突破。从文化旅游网站的建设、旅游呼叫系统的开发到数字化管理的实施，这些技术应用极大地促进了文化旅游电子商务的发展，提高了服务效率和质量。同时，发达国家利用网络化、数字化技术装备的文化产业以及依托高科技的文化旅游产品，不仅为人们创造了全新的生活方式和理念，也激发了人们对新型文化旅游产品的需求。这预示着在未来，文化旅游业将通过网络向消费者提供更多的信息和服务项目，从而更好地满足消费者的需求。

五、大众化为现代文化旅游业提供宽广市场

大众化的趋势为现代文化旅游业提供了一个更为宽广的市场空间。随着社会经济的不断发展，人们的收入水平逐渐提高，教育水平不断提升，休闲时间增多，人们对于休闲和假期权利意识的增强，使得文化旅游产品的消费群体不再仅限于受过高等教育的人群，而是向更广大的大众市场拓展。在国家文化产业发展的大背景下，政府和相关部门强调需要通过各种方式激发公民的文化创造力，并将更多的普通大众吸引成为文化旅游的主要参与者。媒体和旅游协会的合作推广，如搜狐网、旅游名城网、凤凰网联合推出的国民旅游计划等，旨在鼓励更多的普通人参与到文化旅游活动中来，从而提高文化旅游的社会参与度和影响力。此外，现代文化旅游业所倡导的大众化方向也促使旅游行业管理部门加强公共文化服务的建设，从公共管理的角度为文化旅游的发展提供更为有力的支持和服务，以满足不同层次消费者的需求，推动文化旅游业向更加健康、可持续的方向发展。

第三章　文化旅游产业的资源开发与经营管理

文旅产业的发展离不开合理的资源开发和经营管理。本章为文化旅游产业的资源开发与经营管理，分别介绍了两个方面的内容，依次是文化旅游产业资源的开发、文化旅游产业的经营与管理。

第一节　文化旅游产业资源的开发

一、文化旅游产业资源开发的理论基础

文化旅游产业资源开发受文化资源开发理论影响，也受市场开发理论及旅游资源理论影响。

（一）文化产业开发理论

1. 文化生产力理论

在《1844 年经济学哲学手稿》中，马克思（Marx）提出“宗教、家庭、国家、法、道德、科学、艺术等，都不过是生产的一些特殊的方式，并且受生产的普遍规律的支配”。[①] 这里已经涉及文化生产力的问题，但是没有明确提出。

在《哲学的贫困》里，马克思提出“文明的果实”就是“已经获得的生产力”。[②] 这里已经把文化作为生产力看待。

到马克思的《巴枯宁“国家制度和无政府状态”一书摘要》明确了生产力包

① 马克思 .1844 年经济学哲学手稿 [M].3 版 . 中共中央马克思恩格斯列宁斯大林著作编译局，译 . 北京：人民出版社，2000.

② 马克思 . 哲学的贫困 [M].3 版 . 中共中央马克思恩格斯列宁斯大林著作编译局，译 . 北京：人民出版社，1961.

括两种，物质方面的生产力和精神方面的生产力。[①]表明文化生产力属于精神方面的生产力。

文化生产力具有强烈的主观色彩，因为每个创造者将自己的精神、思想、情感等诸多因素注入文化生产过程之中。另外，文化生产力还具有非意识形态的物质性特征，因为每一种文化生产的过程必然是精神的物化过程，每一种精神产品必然要通过物质的形式表现出来。

2. 文化资本理论

文化资本的概念首次由皮埃尔·布尔迪厄（Pierre Bourdieu）在其著作《资本的形式》中提出。布尔迪厄细分了资本的三个主要类型：经济资本、文化资本以及社会资本。他将经济资本定义为通过财产权被正式确立的资本，它能够快速且直接地转化为金钱。文化资本则是通过教育资历形式被正式确立的资本，它在特定条件下可转换为经济资本。社会资本则构建于社会网络之上，通过各类头衔正式化，同样在某些条件下能转化为经济资本。此外，布尔迪厄对文化资本进行了更为细致的分类，将其分为三个层次：第一层次是具象的形式，体现为个体精神或身体上的持久特质；第二层次是客观的形式，通过文化产品如艺术品、书籍、乐器及其他器材的存在来体现；第三层次是制度化的形式，这一形态要求将文化资本以一种客观且需要被明确区分的方式来认可。自布尔迪厄引入“文化资本”这一术语以来，该词便被后续的研究者广泛地引用、继承以及扩展，如戴维·思罗斯比（David Throsby）的“文化资本是继物质资本、人力资本、自然资本之后的第四种资本”。[②]文化资本理论为文化产业开发提供了经济学理论基础，是整个文化产业存在和发展的基本理论之一，由此，世界各国越来越关注文化产业的发展。

3. 文化资源产业开发的二重规律

文化资源产业开发不仅受一般的商品价值规律影响，同时因为文化对人的价值产生持久影响，所以它同时还受社会价值规律的影响。

（1）文化资源产业开发的商品价值规律

商品价值规律包括：商品价值是由生产商品的必要劳动时间决定，商品以价

① 马克思．巴枯宁“国家制度和无政府状态”一书摘要．[M]．中共中央马克思恩格斯列宁斯大林著作编译局，译．北京：人民出版社，1965．

② 赵尔奎，杨朔．文化资源学 [M]．西安：西安交通大学出版社，2016．

值为基础实行等价交换。所有的商品开发和商品交换都受价值规律的影响。商品价值规律对文化资源开发的主要影响通过几个方面产生作用，主要有：文化产业的运作受供求机制、价格机制和竞争机制的强制影响，等价交换原则、利润最大化原则渗透到文化生产、再生产过程并影响文化生产的方向、效率及文化生产经营者的选择行为。但需要注意的是，商品价值对文化资源开发而言具有局限性，主要表现在：一是人类的精神需求通常是复杂多样的，文化产品往往无法满足人类精神的需求，所以需求与满足之间的矛盾比一般物质商品的需求与满足之间的矛盾更大。二是因为文化资源具有价值影响的特殊作用，市场不能对文化资源的社会价值进行筛选，需要有关部门进行市场手段之外的管理。还有一些文化产品，如图书馆、博物馆、歌剧院等，它们不能按照一般的价值规律进行管理，需要有关部门通过文化事业管理的方式进行扶持。

（2）文化资源产业开发的社会价值规律

文化具有社会性的特点，文化的社会性主要特点就在于文化对人的精神产生持久性的影响，对人价值观的产生具有重要影响。文化社会价值体现在消费者对文化产品或服务的价值——认知、审美、历史、科研等精神性文化蕴含的劳动成果的确认上。所以，文化社会价值规律为文化资源开发提供了一个规范，对其进行约束，使其朝着人类价值的方向发展。

（二）经济学与市场学理论

在旅游经济学的理论框架内，对旅游资源的开发，以及旅游产品的生产、消费和运作过程的分析表明，这些活动不仅遵循经济学中普遍认可的运行规律，还展现了独特的特性和规则。这些独特性体现在旅游产品的运行和消费模式上，不同于其他经济领域的特点。

在旅游市场学的研究领域中，对旅游市场的定位、旅游产品的功能定位、市场形象的设计以及旅游促销策略的探讨，都对旅游资源的有效开发起到了至关重要的作用，特别是在文化旅游市场定位的过程中，考虑到的因素主要涉及所开发产品的功能特性、资源所在地的地理位置、当前流行的旅游产品趋势以及目标旅游者群体的偏好等。这些因素的综合考量为旅游产品的成功开发和市场推广提供了理论依据和实践指导。

（三）可持续发展理论

按照世界环境和发展委员会在《我们共同的未来》中的表述，可持续发展“既满足当代人的需要，又不对后代人满足其需要的能力构成危害的发展”。[①] 可持续发展理论在文化旅游资源开发中主要表现为三个方面的内容：生态环境的可持续性，社会发展的可持续性，文化发展的可持续性。

（四）系统理论

系统理论主要为旅游规划提供了理论指导，既为旅游规划提供了认识论的基础，也就是旅游规划的区域是一个系统，应该从整体上考虑如何去规划；也为旅游规划提供了方法论基础，即用系统的观点看待区域旅游发展，用系统的方法进行旅游业的开发、经营、管理。系统理论主要有以下几点作用：使旅游产业要素合理配置，从而产生最大的综合效益；全面、多角度开发旅游区；从旅游区域来看，加强区域之间旅游交流与合作，促进区域旅游业的持续健康发展。

（五）审美理论

文化旅游资源是美的积淀，是一个民族或多个民族文化审美的积淀。真善美是美的浓缩和主要表现方式。在文化旅游资源开发过程中，不管是什么样的文化旅游资源，它的开发必须符合审美的需要才能被消费者所接受。

二、文化旅游产业资源开发总体规划

文化旅游产业资源开发总体规划指的是在文化资源调查和评价的基础上，为实现发展目标，根据市场需求，对文化资源开发进行合理的规划和计划的过程。具体可分为以下几个方面。

（一）确定发展目标

文化旅游资源调查评价可确定合适的文化旅游资源，可行性分析可确定文化旅游资源项目目标，目标是每个文化旅游资源项目的灵魂。文化旅游资源项目指的是某文化旅游资源项目发展的努力方向和所要达成的目的。文化旅游资源开发目标可以分为区域的经济发展目标、环境建设目标、社会发展目标、遗产保护目标等。不同的文化旅游项目往往有不同的目标，但是不管项目有多少目标，每个项目的目标有多不同，每个项目都有一个总体目标，这个目标必须是量化的可以测评的。目标还可以是从时间上来划分的，分为总体目标和阶段目标。

① 世界环境与发展委员会．我们共同的未来[M]．王之佳，柯金良，译．长春：吉林人民出版社，1997.

（二）明确开发定位

定位指的是确定方向，指出方位。从文化旅游资源开发角度来看，指的是从不同角度确定文化旅游资源的特征，是文化旅游资源开发者为适应消费者的行为而设计自身的形象、功能、市场和模式的定位。所以，本书将文化旅游资源开发定位分为四个部分。

1.形象定位

文化旅游资源开发者应为消费者树立一个鲜明独特的自身形象，该形象可以满足消费者的兴趣或者偏好，使消费者能够产生深刻的印象。

2.功能定位

文化旅游资源适用于开展文化旅游活动的总体功能。

3.市场定位

确定目标市场。确定是境外市场、全国市场还是地方市场。

4.模式定位

按照不同的方式划分，文化资源开发可以分为不同的开发模式，如按照投资主体划分，文化旅游资源开发可分为政府主导型资源开发模式、企业主导型开发模式、民间投资主导型模式、外商投资型主导模式；按照地域划分，可分为东部精品开发模式、中部特品开发模式、西部极品开发模式等。选择哪种模式需要基于具体的文化旅游资源特性和市场需求来确定。

（三）确定范围、规模和性质

对文化旅游资源开发区域的确定决定了文化旅游资源的空间规模大小。只有明确了规划区的范围和规模，才能进行具体的项目布局，并进一步实施项目。

（四）进行总体布局

对项目各个要素进行布局，确定项目功能区域分布。不仅仅是对主要旅游景点、景区进行布局，也要对相关配套设施进行布局和规划。因此，项目总体布局是整个项目总体规划的关键步骤，决定了项目的成败。

（五）确定开发步骤和主次

对项目中重点部分和基础部分进行确定，确认项目开发先进行哪一步，后进行哪一步，使项目合理有序地完成。

第二节　文化旅游产业的经营与管理

一、文化旅游的管理体制

（一）旅游管理体制的内涵和本质属性

旅游管理体制是旅游管理的基础和核心，其渗透到旅游管理的各环节和各领域，是旅游经济活动正常开展和旅游经济有效运行的重要保障，也是实现旅游经济发展目标的重要手段。

1. 所有制结构是旅游管理体制的基础

我国实行“国家调控市场，市场引导企业”的旅游管理体制模式。

2. 组织形式是旅游管理体制的重要方式

具有代表性的模式有三种：集权制模式——旅游经济活动和运行管理主要集中于政府旅游行政管理部门和相关行政部门，如美国；分权制模式——按照旅游宏观管理职能而分属于不同层次的旅游行政管理部门和旅游行业组织，如澳大利亚、德国；混合制模式——有关旅游经济活动和运行的主要管理职能部门由旅游行政管理部门负责，而其他管理职能则分别由相关行政管理部门或者由旅游行业组织负责，如日本。

3. 机构设置是旅游管理体制的主要载体

旅游管理体制的机构设置是指在相应的旅游组织形式基础上，建立明确的旅游管理组织机构，配备相应的旅游管理人员，具体负责旅游管理职能的实施。

4. 权责划分是旅游管理体制的核心内容

旅游管理体制的权责划分是指明确划分旅游管理机构和相关部门的管理职权与责任，是合理配置旅游管理职权和责任的主要内容，也是旅游管理体制的核心问题。权责划分通常涉及三个方面：一是明确划分旅游行政管理部门和相关行政管理部门的职权与责任。二是对各级旅游行政管理部门管理职权和责任的划分。三是对旅游行政管理部门与旅游行业组织、旅游企业之间管理职权和责任的划分。

5. 管理制度是旅游管理体制的主要手段

管理制度作为旅游管理体制的手段，是实现旅游管理有效性的重要前提。在旅游管理体制中，管理制度一般包括旅游宏观管理制度、旅游行业管理制度、旅游区域管理制度和旅游企业管理制度。

（二）我国现行文化旅游资源管理体制存在的问题

我国现行旅游管理体制采用国家、省、市、县四级旅游局为旅游管理部门的行政管理模式。现行文化旅游资源管理体制存在的问题主要有以下三个方面。

1．多头管理导致管理混乱

在当前的政府体制下，文化旅游产业依赖的旅游资源被分割管理，归入多个政府部门的管辖范围，这主要涉及文物、文化、建设、园林、林业、水利、民政、国土资源、农业、交通、旅游、外事、接待、商贸、乡镇、社区等领域。这一体系的存在不仅导致管理职能的重叠和交叉，还引发了经营权力的冲突和协调上的难题。从宏观视角来看，我国尚未建立一个与市场经济要求相匹配的旅游宏观管理体系。缺乏一个能够横跨多个部门和行业，负责制定产业政策、规划产业布局、调整产业结构的国家级旅游管理机构，导致在旅游生产力布局和宏观调控等方面的协调工作面临较大的挑战。这种局面对文化旅游资源的开发和产业管理构成了不利影响，使之处于一个相对劣势的位置。

2．未能实现市场化管理

在当前阶段，我国正见证着众多文化旅游资源的转型，这些资源正在逐步从传统形式转变为经营性的企事业单位。这一转变发生在一个特殊时期——从计划经济体制向市场经济体制的过渡期。在这一过程中，文化旅游产业面临着多方面的挑战，其中最为显著的是产业界定的模糊不清和产业组织结构的不健全。这些问题导致了一个不容忽视的事实：尽管有转型的努力，但大多数文化旅游资源未能实现真正意义上的产业化转变。大部分文化旅游产业实际上仍旧归属于政府，表现为国有事业单位的形式。这种现状反映了传统经营模式的延续，其中行政管理部门在文化旅游产业的发展中扮演着直接控制的角色。尽管在某些情况下，一些文化旅游管理部门尝试通过建立企业或经营性事业组织来进行改革，但这些尝试大多数情况下仍然保持着半事业的性质，没有真正跳出传统的框架。这种混合型的管理模式不仅未能有效区分政府与企业的职能界限，还导致资源利益的单位化和管理权限的高度集中，进一步加剧了行政垄断。

随着这种模式的深入，文化旅游资源的所有权、管理权和使用权过度集中。这种集中化的管理体系得到了行业法规和专项法律的支持和保护，使得改革和调整变得更加困难。即便是在那些努力通过成立公司来寻求改变的情况下，由于缺乏市场化的管理体制，这些公司的运营并未能脱离非市场化的事业性质。负责管理的主管人员对于文化旅游市场的运作机制、产品的生产和销售、服务提供、投资回报以及人力资源管理等方面缺乏专业知识和足够的了解，这种局限性严重影响了企业的市场竞争力和创新能力。

3. 发展与保护相关法律制度尚未健全

我国目前旅游立法采取的是分散立法或专门立法。在当前阶段，我国的旅游法制体系面临一些挑战，尤其是在高层次立法支持方面的缺失直接阻碍了文化旅游产业的快速与健康发展。尽管旅游资源丰富，生产要素充足，但因法律体系未能与之相适应，导致资源和生产要素的合理配置及使用受限。目前，我国的文化旅游产业立法仍处于初级阶段，主要依靠行政法规、规章和政策来进行调整和管理，这种做法在一定程度上限制了行业的发展潜力。相较于需要一个统一、高层次的法律体系来进行全面规范，目前的法律制度还是无法提供足够的支持和保障。

现行的法律制度在多个领域散见于各类法规、规范性文件及地方政策之中，如《中华人民共和国文物保护法》《中华人民共和国森林法》《中华人民共和国农业法》《中华人民共和国环境保护法》以及《文化市场综合行政执法管理办法》等，这些法规虽然各自为政策领域提供了一定的指导和规范，但缺乏一个统一和明确的框架来协调各个方面的关系，进而影响了旅游资源的合理开发及旅游市场的有序运作。由于缺乏明确规范，地方政府在开发旅游资源、管理旅游市场秩序、保护旅游者权益等方面的法规制定往往无法达到预期的效果，这不仅阻碍了文化旅游产业的发展，也影响了旅游市场的健康成长。

旅游业在国家经济中的地位并不高，这一现状加上政府对旅游产业重视不足以及各相关部门间协调合作不足的问题，共同导致了文化旅游产业的发展较为滞后。一方面，部分地区的政府并未将旅游视作一个独立且重要的经济产业，而是将其作为发展地方公共资源和接待设施的手段，缺乏长远的发展规划和战略；另一方面，尽管有些政府部门对旅游产业的发展持积极态度，但由于各部门之间缺乏有效的法律保障，各自为政，未能形成强大的合力推动产业发展。这种分散的管理模式和缺乏统一领导的局面，使得文化旅游产业难以实现企业化、系统化、市场化和规模化的发展目标，长期以来制约了产业的潜力和竞争力发展。

（三）我国文化旅游管理体制的改革

1. 理顺部门关系是文化旅游管理体制改革创新的前提

旅游业具有综合性和依托性，文化旅游行业跨度大，涉及面广，这就要求文化旅游产业管理体制改革必须正确处理文化旅游管理部门内部与相关管理部门的关系。

按照文化旅游的产业范围，文化旅游行业管理部门与交通、文物、园林、餐饮、娱乐、商业等相关部门在职能上产生重叠。在现有体制下，这些行业管理部门实际上很难摆脱部门利益，由此产生利益矛盾。这些矛盾需要更高一级的领导机构协调处理。

2. 转变政府职能是文化旅游管理体制改革创新的核心

转变政府职能，明确职责划分是旅游管理体制改革创新的核心。政府职能转变和机构整合不能仅仅是形式上的整合，应当还有实际意义上的整合。对旅游产业来讲，实质上应为资源再分配。整合产生的新机构应使职能、职责更为明确，机构设置与职能相衔接，更好地解决旅游行业政企不分现象，强化行业协会等中介组织的职能。

3. 完善相关的法律法规

为了保护和促进文化旅游产业的健康发展，至关重要的一步是完善文化旅游产业的法治环境。这意味着确保旅游部门以及其他相关部门在法律框架内行使其权力，有效协调解决在文化、建设、水利、林业等领域的各种矛盾和冲突。明确这些部门在资源开发和使用上的权利与义务，可以促进政府和司法部门以公正和有效的方式对旅游资源的开发、利用行为进行监管和约束。为此，国家相关部门需要尽快出台一系列既符合地方实际情况又便于实施的行业旅游法规，以为文化旅游产业的法治化发展提供坚实的法律基础。此外，强化知识产权的保护，尤其是对民族民间艺术、文化遗产等领域的知识产权保护是非常必要的。这不仅需要完善相关的立法，还需要制定更具有操作性的法律规范来打击侵权和盗版行为，从而更好地维护创作者的创作动力，促进文化旅游产业的良性发展。加强行政执法体系的建设，开展深入持久的版权保护行动，是实现知识产权利益保护最大化的有效途径。

4. 创建监管新模式，加强自律性监管

随着文化旅游产业的快速发展，我国旅游监管部门出现了调整和优化监管模式的需求。在充分考虑国内具体国情的基础上，监管部门应当明确政府在为文化旅游产业提供方向性指导思想的同时，应逐步放宽对该产业的直接管控。在这一转变的基础上，加强和完善旅游行业协会的体系建设成为一项重要任务。明确协会的工作目标，强化其职责，是建立健全行业内部监管机制的关键。在政府的指导和支持下，行业协会应当迅速形成有效的自律性监管机制以在管理体制中有效避免法律风险。这种自律性监管机制不仅能够促进文化旅游产业的健康有序发展，还能够提高行业整体的自我管理和自我约束能力，从而为文化旅游产业的长期繁荣发展奠定坚实的基础。

二、文化旅游产业的政策与行政管理

（一）文化旅游产业政策内涵

文化旅游产业政策是政府根据国民经济发展的内在要求，针对文化旅游市场经济可能出现的市场失灵和问题导向，完善市场机制作用和优化经济发展过程，是对文化旅游产业进行宏观调控的重要机制。旅游产业作为一个具有高度综合性的领域，不仅关联性强、依赖性大，而且在协调各方面利益时面临诸多挑战，经常碰壁于多重瓶颈问题。这些问题的解决需要通过实施一系列措施来削弱不利因素，这就需要政府的大力支持，以此减少消极影响，平衡不同行业和部门之间的利益，从而推动旅游产业的均衡与健康发展。

随着《文化产业振兴规划》《文化部关于加快文化产业发展的指导意见》及九部门联合发布的《关于金融支持文化产业振兴和发展繁荣的指导意见》的出台，中国文化产业步入新的发展阶段。文化与旅游产业不仅能推进社会主义文化的发展与繁荣，亦成为国民经济的新兴动力，具备战略地位和支柱性特征。这两个产业成为经济结构战略调整的支点和改变经济增长模式的关键因素。国务院为促进旅游业进一步发展，制定并执行了多项相关政策，地方政府各级亦积极配合，实施多种措施以保证政策的有效实施。

（二）文化旅游产业行政管理措施和途径

1. 构建宏观带动体系

（1）在政策上积极引导

第一，政府部门积极强调产业政策的重点，将文化与旅游的深度融合作为发展的主要方向。第二，创造良好的文化环境。这种策略鼓励在文化领域进行多样化和创新性的探索，以形成独具特色和创新能力的文化产品。第三，打造良好的旅游文化环境。制定全面的发展规划，保护和合理开发文化旅游资源。这样的规划考虑到了文化旅游资源的深度挖掘和特色展示，同时强调了旅游资源保护和旅游基础设施建设的重要性，确保文化遗产得到有效保护，从而促进文化旅游产业的科学和持续发展。

（2）在管理上密切合作

实现文化与旅游的深度融合关键在于加强不同部门之间的协同配合。这要求理顺各相关部门的工作关系，消除在融合过程中可能遇到的各种障碍。建立旅游与文化部门之间的联合工作机制，妥善处理产业发展中的关系和规范行业的发展。这种跨部门的合作模式有助于促进产业间的互动和资源共享，从而实现共赢的局面，为文化和旅游产业的融合发展提供强有力的管理支持。

（3）在技术上引领发展

在技术层面，技术进步被视为推动文化产业与旅游产业融合发展的必要条件。随着技术的不断发展，对于新技术的研发成为推动产业融合的关键因素。鉴于技术研发通常需要巨大的资金支持，政府在这一过程中扮演着至关重要的角色，通过提供资金支持和政策扶持，鼓励科研创新和技术应用。政府的引导和支持，不仅可以促进技术创新，还可以加快文化产业与旅游产业的融合步伐，从而推动整个产业的发展进步。

（4）在实业上示范带动

政府通过牵头和提供支持，可兴建一系列产业融合的标杆示范项目，如具有旅游功能的文化产业园区、博物馆和主题公园等。这些项目不仅能够直观地展示文化与旅游融合的成果，还能对其他经济主体产生示范带动作用。这种方式可以有效促进文化旅游产业的整体发展，同时也为产业融合提供了可行的实践案例和经验分享，进一步推动了文化与旅游的深度融合，实现了产业升级和经济增长。

2. 构建中观支持体系

（1）切实落实政策

为了切实落实关于促进文化产业与旅游产业融合发展的政策，地方政府应当认真学习和深刻理解其中的精神。这包括根据本地区的独特资源优势和产业特色，制定出既具有针对性又高度实用的产业融合策略。其目的在于将政策引导落实到具体行动中，促进非物质文化遗产的保护和传承，将这些文化遗产与旅游业务相结合，进一步提升旅游活动的文化内涵。同时，这种融合发展策略还旨在充分发挥旅游业对文化消费的促进作用，从而形成一个互利共赢的局面。

（2）城市鲜明定位

为了有效促进文化产业与旅游产业的融合，城市的定位必须鲜明而明确。这种定位策略类似于为产品设定品牌，旨在清晰地展示该城市的文化内涵和旅游吸引力，使之在人们心中留下深刻而独特的印象，使城市成为具有独特文化魅力和旅游价值的目的地。

（3）整体发展观念

整体发展观念对于促进文化产业与旅游产业的融合至关重要。这种思路强调通过整合文化与旅游资源，实现产业的集群化发展，从而达到经济效益的最大化，体现出一种经济共赢的局面。具体而言，地方政府应从宏观的角度出发，将文化产业与旅游产业视为一个整体，进行有效的资源整合和规划。这包括规划建设文化圈、旅游圈等圈层建设，推动产业集群的形成，使得各地区能够在这一大背景下实现整体发展。这样的策略不仅可以共享基础设施和市场资源，降低交易成本，还能够提高对市场变化的灵敏度，及时调整产品和运营策略，实现文化和旅游产业的实时融合。此外，游客在这种产业聚集下能够更加便利地享受到丰富多样的文化和旅游服务，从而实现供需双方的共同增益，推动文化和旅游产业的持续健康发展。

3. 构建微观引导体系

（1）关注经济性和科学性

在积极开发文化旅游资源的过程中，政府与企业单位需共同关注所涉及资源的经济潜力及其开发和管理的科学性。开发活动必须远离盲目性和不合理性，因为这些行为不仅会降低已开发资源的品质，还可能对资源的后续加工和再开发造成负面影响。除此之外，对于已经开发出的文化旅游资源，还需要实施科学的管理措施，包括但不限于运用科学的维护手段和科学的发展战略确保资源能够得到持续且有效的利用。

（2）融合产品的市场性与创新性相平衡

在文化与旅游产品融合的开发过程中，政府机构应发挥引导作用，确保开发活动能够妥善处理文化真实性与市场需求之间的关系。对于那些涉及深层文化元素的项目，政府应考虑文化的原真性，有时甚至需要邀请领域内的专家进行深入的论证和评估，以防止过分追求市场化而忽视文化本身的真实和独特性，实现文化真实性与市场竞争力和谐共存。

三、文化旅游企业的经营管理

（一）文化旅游企业概述

文化旅游企业作为文化与旅游相结合产生的结果，其提供的服务能够充分满足消费者对于文化和旅游方面的需求。在我国，绝大多数文化旅游企业的发展源于旅游企业的转型升级。这些企业在维持传统旅游业务，如食宿、交通、游览、购物及娱乐等功能的基础上，进一步强化了对企业文化资产的运营和管理。

针对文化旅游活动的具体形式、覆盖范围以及旅游产业的固有特性，可对文化旅游企业进行细致的分类。

按照从事旅游产品经营的产业链划分，可以大致分为以下几种：直接旅游企业，如旅行社、宾馆、景点等；辅助旅游企业，如管理和服务公司、影视制作公司、出版机构等；开发性组织，如政府相关机构、专门的旅游教育机构等。

按旅游活动所使用的主要经营资源划分为劳动密集型旅游企业和资本密集型旅游企业。

（二）文化旅游企业的组织形式

1．业主制企业

业主制企业是最简单的旅游企业组织形式。业主制企业一般规模很小、结构简单，如有些小旅行社可能一个月也只有几单生意。这些企业数量很多，但总销售额却很小。业主制企业的平均寿命通常较短，因为它们本身财力有限，而且由于受到偿债能力的限制，取得贷款的能力也比较差。这种类型的企业通常在旅游中介、旅游公路交通、个体餐饮、旅游购物等领域中活动。

2．合伙制企业

合伙制企业是在两个或两个以上业主的个人财产的基础上经营的。合伙人分享企业所得，共同对企业债务承担责任，其筹资能力较单个业主制企业大大提高，但合伙制旅游企业也有一定的缺陷。建立合伙制企业和接纳新的合伙者的谈判程序和法律程序都很复杂。

3．公司制旅游企业

旅游企业以公司制形式设立，构建一种具有法人资格的组织机构。依照法人身份，该企业享有民事权益，负担相应的民事义务，具备借贷能力，有权签署合约，并可在法律框架内向法院提起诉讼或进行抗辩。公司所有权归属于其股东，这些股东依法享有分红的权利。

公司制这种组织形式的缺点：公司设立程序复杂，公司法人地位的确定需要得到政府的认可，歇业也要通过一定的法定程序。因此，公司的组建不像其他两种企业形式那样方便灵活。同时，由于经营者往往不是拥有股权的股东，他们同企业的利益关系也不像业主制及合伙制那样紧密。

4. 旅游企业集团

旅游企业集团的定义为通过资产或合约绑定，形成多家旅游企业的经济联盟，其中一个核心集团公司负责投资、控制及协调其下属多家企业的关键职能。这类集团通常采用母子公司的管理体制，资产关系作为其主要的联系纽带，赋予集团内部成员企业较高的自主性。各成员企业都具有独立的法人资格，尽管在资本、人事和业务等方面存在交叉关系，但一般都根据经济合理性的原则进行自主决策，不存在支配与被支配的关系。核心旅游企业在旅游企业集团中起主导作用，通过控股、持股所赋予的控制权掌握成员企业的投资决策、人事安排等各个环节的经营活动。

5. 旅游企业战略联盟

旅游企业战略联盟定义为两个或更多的旅游企业为了共同实现特定的战略目标而建立的一种合作关系。这种合作关系建立在各方企业之间优势互补、分工协作的基础上，是一种长期的伙伴关系。在这种联盟中，尽管企业间进行紧密合作，共担风险、共享利益，但每个参与的企业仍然保持其独立性，拥有自己的经营自主权。这样的战略联盟不仅涵盖了从事类似业务活动的企业之间的合作，也包括了那些提供互补服务的企业之间的合作。

在旅游行业内，战略联盟的形式多种多样，涉及的领域广泛。这些联盟不限于旅游景点、娱乐区、零售商、批发商、酒店、康乐服务、航空公司以及汽车租赁服务等旅游相关企业之间的合作。在航空公司、旅行社以及酒店业之间存在着较高程度的战略联盟，这些合作关系极大地促进了旅游产品和服务的整合，提升了客户体验。此外，旅游业还与其他非直接竞争的行业建立了联盟，如与葡萄酒产业的合作，以及与那些以历史文化遗产为基础的经济实体的合作。这种跨行业的合作不仅丰富了旅游业的产品和服务，也预示了未来旅游业与其他行业融合的趋势，即将产业、产区、历史文化、景区和人文地理紧密结合起来，形成一种新的发展模式。旅游企业战略联盟有以下特点：合作伙伴资源互补；联盟成员实现双赢，组织结构上具有松散性；很难用传统组织内部那种行政方式进行协调管理；合作各方主要通过协商的方式解决各种问题；提高了旅游企业规模经济效益及竞争力。

（三）文化旅游企业的经营管理

1. 文化旅游企业的经营管理内容

近年来，随着国内旅游业的迅猛发展，锦绣中华、宽窄巷子、曲江新区等一系列以文化旅游为主导的旅游企业相继涌现，它们各自依托当地丰富独特的文化资源，采取合理的开发利用策略，成功将文化旅游资源转化为经济收益，不仅为自身带来了可观的利润，同时也极大地促进了当地经济的发展。这些文化旅游企业的出现和发展，标志着国内旅游业模式的创新和升级，展示了文化旅游在推动地区经济发展中的重要作用。文化旅游企业的经营管理是一个复杂且动态的过程，它要求企业在市场经济的大环境下，充分利用各种经营要素，如资金、设备、劳动力和市场等资源，通过职工的紧密协作，持续不断地进行旅游商品的生产、分配和流通。

经营管理的核心内容涉及多个方面。首先，明确企业的发展方向和目标，并制定出达到这些目标的具体方针和措施。其次，对可能影响目标实现的各种外部和内部条件、因素进行深入的分析研究，基于这些分析制定出有效的应对策略。最后，还包括对企业所拥有的一切资源进行有效的利用和管理，以全面的筹划和精心的组织实施力求获得最佳经济效益。通过这样系统而细致的经营管理活动，文化旅游企业能够在竞争激烈的市场环境中稳健发展，持续提升自身的市场竞争力。

2. 文化旅游企业经营管理观念的核心

（1）市场管理观念

认识市场和开拓市场是文化旅游企业经营管理的首要任务。企业要在市场上生存发展，必须精心策划自己的发展，也就是思考树立什么样的市场观念，利用什么方法开拓市场，如何适应市场环境，从而在市场竞争中立于不败之地。因此，市场观念是文化旅游企业市场行为的指导思想。

（2）战略管理观念

实行战略管理使分散的应急管理转向全面系统的目标管理：由事后反应变为预先策划；由孤立的决策变为集体决策；由主观决定变为有根据的决定；由猜测结果变为具体评估结果，而其特点则表现为整体性、预见性和权威性。

（3）创新观念

创新是现代企业家精神的核心。成功的企业家不仅要勤奋苦干，而且要始终不渝地从事有计划地创新活动。创新、寻求和利用新的资源可创造新的市场、新的技术、新的管理方法。创新是企业生命活力的源泉，创新是人类进步的推进器。

（4）可持续发展观念

文化旅游企业在开发过程中要牢固树立“在保护中开发，在开发中保护”的观念。文化旅游资源在开发过程中存在开发不够全面、管理跟不上等问题，在旅游发展中重开发、轻保护，重经济效益、轻社会效益的问题值得人们关注。

3. 文化旅游企业经营中需要注意的问题

在中国，文化旅游企业面临的挑战日益凸显，企业对文化资源过度开发，这种开发往往以牺牲文化遗产的完整性为代价，令其面临破坏的风险。此外，一些企业未能充分认识到保护文化资源的重要性，导致破坏了文化生态平衡。同时，产业链不完整、产品同质化问题以及品牌影响力不足也是制约文化旅游企业发展的关键因素。面对这些问题，文化旅游企业需要根据自身的实际情况制定出一套合理的发展策略和管理机制，加强对文化资源的保护，确保文化旅游的发展不会破坏所在地区的文化生态平衡，同时也要追求企业的可持续发展。

为了在激烈的市场竞争中脱颖而出，提高自身的服务质量和经济效益，文化旅游企业需要满足一系列条件：首先，企业需要提供包括观光、休闲度假、购物娱乐在内的基本旅游服务，这些服务是满足游客基本需求的前提。其次，企业应当有效地开发和利用丰富的文化资源，通过创新的方式让游客能够深入体验和感受目的地的独特文化。再次，开发具有明显文化特色的产品也至关重要，这不仅能够提高游客的满意度，还能为企业带来显著的经济收益。最后，建立一个规范和完整的企业管理机制是确保企业长期稳定发展的基石。

目前，中国的文化旅游企业多数仍处于起步阶段，面临着众多挑战和机遇。为了实现健康、规范发展，文化旅游企业应当充分利用文化资源，对现有文化资源进行深度挖掘，也涉及通过创新管理和营销策略将文化资源转化为能够吸引游客的产品和服务。同时，企业还需要制定出一套合理的发展规划，确保在追求经济效益的同时，也能够保护和传承文化遗产。此外，要强化文化旅游品牌的建设，打造独特的品牌形象将有助于企业在市场中建立起竞争优势，吸引更多的游客。通过这些策略的实施，文化旅游企业可以在传统旅游市场中占据一席之地，开辟出一条具有自身特色的发展道路。

四、文化旅游产业的品牌管理

（一）文化旅游产业品牌建设的战略意义

在当今旅游市场中，旅游者的偏好往往受到特定知名品牌的显著影响，这种现象揭示了文化旅游品牌在塑造旅游产品认可度方面的关键作用。精心构建和推广具有独特区域特色的文化旅游品牌，不仅可以吸引更多的旅游者，还可以显著增强一个地区在激烈的全球旅游市场中的竞争力。2000 年文化旅游品牌概念首次提出，它主要指的是那些能够代表高质量和具有知名度的旅游目的地、企业、产品以及服务，这些品牌不仅展现了旅游产品的独特性，还引发了旅游者的强烈认同感。

文化旅游品牌的发展战略包括将地方的文化资源、文化内涵及理念深度融合到旅游活动中，这种策略不仅能够显著提升旅游活动的文化价值，还能提高旅游产业的整体品质和经济价值。此外，文化旅游品牌的塑造和推广是一种高效的旅游资源整合与营销手段，能够有效提升目的地的知名度和吸引力。以云南省为例，不断培育和推广香格里拉、石林、大理古城、茶马古道、云南印象等一系列文化旅游品牌，有效地整合了文化旅游资源，成功构建了“七彩云南”这一具有鲜明民族风情的旅游品牌，成为中国在文化旅游品牌建设方面的典范。

除了上述益处，文化旅游品牌还对旅游产业链的扩展和延伸起到了至关重要的作用。旅游目的地的形象品牌由于其公共产品的属性的存在，相较于单个企业品牌或旅游产品品牌，能够产生更为广泛和持久的品牌效应。这种目的地形象品牌不仅是旅游行业共同的无形资产，而且能够为整个旅游行业和相关企业带来利益。许多旅游企业和产品可以通过共享这些公共品牌而受益，这种协同效应有助于推动旅游产业六要素的构建和拓展，进而为文化旅游品牌的成长和发展提供强有力的支持。通过这种方式，旅游目的地不仅能够吸引更多的游客，还能在更广泛的范围内促进旅游产业的整体发展和繁荣。

（二）文化旅游品牌塑造需要把握的内容

1. 我国文化旅游品牌的问题和不足

（1）文化旅游品牌发展理念有待进一步提高

文化旅游品牌的建立随机性强，品牌内涵不够深入、挖掘不够，主题不够鲜明。文化旅游品牌的打造要经过合理的论证和科学的规划，进行系统深入的整合和挖掘。

（2）忽视文化旅游品牌发展规律，造成恶性无序竞争

文化旅游品牌对地方经济的促进作用日益凸显，但经济利益的追求导致出现了争夺文化旅游品牌的现象，损害了品牌形象，不利于旅游品牌发展。以水浒文化为例，山东地区因争夺发源地而引发官司，影响了水浒旅游品牌的市场开发和形象建设。

（3）缺乏整体性策划

旅游产品的整体吸引力不强，文化品牌影响度有限，文化旅游产业营销不够，文化旅游品牌管理欠佳。

2. 文化旅游品牌塑造需要把握的重要内容

（1）抓住文化和地方特色的核心

文化旅游品牌化不仅是推动旅游业发展的一种有效手段，更是塑造区域旅游独特魅力的关键。它依托于那些具有独特魅力的地方特色文化，通过精心的策划和创新性的理念，将这些文化元素转化为旅游市场上的一张张亮丽的名片。在这一过程中，创新不仅仅体现在新颖的设计上，更体现在如何深挖地方文化的独特之处，并将其与现代旅游需求相结合，设计出既能吸引游客又能传递深层文化内涵的旅游产品。此外，面对市场上日趋同质化的旅游产品，避免落入雷同的产品设计模式成为确保旅游品牌持续具有吸引力的另一个重要方面。

（2）文化旅游品牌化过程中要防止急功近利

在文化旅游品牌化的过程中，追求快速的经济回报往往会导致资源的不合理利用，甚至过度开发，这不仅会对环境和社会文化造成不可逆转的损害，还会削弱旅游品牌的生命力。因此，必须用一种长远的视角，注重可持续发展的原则，谨慎对待每一份资源，保护和传承地方的独特文化，避免因追求经济效益而牺牲文化价值。同时，保持品牌文化的高品位和独特性，避免文化的商业化倾向。此外，在文化旅游品牌打造过程中，要避免过度追逐、模仿社会主流文化，将当地特色文化中的特色元素剔除，从而降低文化旅游品牌的文化内涵。

（3）文化旅游品牌化的打造要与时俱进

随着时代的发展，旅游者的需求和价值观在不断变化，对文化旅游的期待也越来越高。因此，文化旅游品牌要想在竞争激烈的市场中立于不败之地，就必须持续创新，不断调整和优化品牌形象，以满足旅游者多样化的需求。这意味着，旅游品牌的建设不仅要紧跟时代的步伐，探索和引入新的旅游元素，还要在保持特色文化核心价值的基础上，不断扩展其外延，使品牌内涵更加丰富。同时，品

牌形象的设计和推广也需灵活应对市场变化，通过创新的营销策略和手段，提升品牌的影响力和认可度，确保其可持续发展的能力。

（三）我国文化旅游品牌塑造的途径和方法

1. 品牌形象塑造创新

在当前的旅游市场中，品牌形象的创新不仅仅是旅游景区提升知名度的方法，更是其在激烈的市场竞争中脱颖而出的关键。通过有效地推广其独特的信息和特色，旅游景区能够在众多竞争中突显其独有的魅力，吸引更多游客的目光，从而实现市场份额的扩大。这一过程中，游客通过景区的品牌形象深入了解其文化内涵和旅游价值显得尤为重要。

（1）形象定位要准确

在品牌形象的塑造过程中，确保形象定位的准确性是成功的基石。这要求旅游景区不仅要深入挖掘和准确把握自身的核心特质和优势，而且要对市场进行细致的分析，明确目标消费群体的偏好和需求。通过这种方式，旅游景区能够创造出既符合自身特色又能满足市场需求的品牌卖点，从而有效吸引目标游客群体，提升品牌的市场竞争力。

（2）品牌创意要新颖

为了保持品牌的活力和吸引力，旅游景区必须不断地进行品牌创意的更新和创新。这意味着，旅游景区需要定期推出新的旅游产品和活动，采用创新的营销策略以区别于其他景区的常规服务。创新的品牌创意不仅能够避免市场上的同质化竞争，还能够让游客感受到景区的独特魅力，给其留下深刻的印象，从而提升游客的品牌忠诚度。

（3）品牌形象随着市场进行调整

旅游市场是一个不断变化的环境，游客的需求和偏好也会随着时间、社会的发展而发生变化。因此，旅游景区在品牌形象塑造的过程中，需要紧跟市场的脚步，对其品牌策略进行适时的调整和优化。这包括对旅游产品、服务、营销方式等各个方面的更新，以确保旅游景区的品牌形象能够持续吸引新、老游客，保持其在市场中的竞争力和吸引力。

2. 品牌营销推广创新

在当前旅游业的发展背景下，品牌的经营不应仅仅局限于形象力的塑造，更应关注如何有效地管理和吸引公众的注意力。随着旅游市场竞争的日益加剧，一个旅游景区能否在众多竞争者中脱颖而出，一定程度上取决于其品牌知名度的高低，这直接关系到能否吸引足够的游客流量。因此，有效的品牌传播策略可提高旅游景区的知名度，成为推动旅游业发展的关键因素。

（1）借助媒体影视宣传的强势作用

在媒体影视宣传方面，充分利用电视这一媒介的影响力，与电台、报纸、杂志及网络等多种媒介形成联动，共同展开一场超强度的全方位、立体式宣传攻势，旨在形成持续不断的影响力和高强度的视听冲击力。多渠道的宣传报道不仅可以聚焦游客的注意力，提升旅游景区的知名度和美誉度，而且可以将旅游品牌转化为持续的生产力。旅游景区要与旅游行业的主流媒体合作，定期举办品牌点评活动，不仅让旅游者能够从品牌定位、品牌传播、旅游管理、发展潜力等多方面立体、客观地了解景点，还能有效地传播旅游品牌，极大地提升品牌形象。

（2）借助政府职能的有效保障

政府职能的有效保障需要政府部门在旅游景区的规划编制、管理体制的理顺、古建筑的保护及管理、配套设施与资金投入等方面进行宏观调控，以确保旅游景区的有序发展。政府部门还需正确处理世界文化遗产的保护与开发关系，在保护景区的前提下加快旅游经济的发展，对旅游景区的发展进行有效监控，确保其在健康的轨道上持续发展。这样的政府支持和监管不仅有利于提升旅游景区的整体质量和竞争力，也有助于维护旅游市场的健康稳定，为旅游品牌的长远发展提供坚实的基础。

第四章　文化和旅游产业融合发展机制研究

深入研究文化和旅游产业融合发展机制，有利于推动文化旅游产业的协调发展，促进产业链的延伸和升级，提高文化旅游产品的创新和市场竞争力，实现经济效益和社会效益的双赢。本章为文化和旅游产业融合发展机制研究，依次介绍了文化和旅游产业融合发展的模式、文化和旅游产业融合发展的路径两个方面的内容。

第一节　文化和旅游产业融合发展的模式

一、模式的概念

模式一词涉及内容范围较广，具体来说，模式指事物的标准样式。《辞海》中也有关于模式的详细解释，一般而言指可以作为范本、模本的式样。有专家指出，模式是用来说明事物结构的主观理性形式。

二、文化旅游产业基于概念模型的融合模式界定

从概念模型的角度分析，应该分别在同一融合模式与不同融合模式这两种情境下对旅游产业与文化产业融合现象与本质的同一性与差异性展开探讨。鉴于以上观点，本书对文化和旅游产业融合模式进行了定义，具体如下。

首先，文化旅游产业的被动融合主要是指文化产业中的某一无形要素超越了其与旅游产业间的产业界限，进而使得旅游产业链发生改变，并形成一种旅游新业态的过程。其次，文化旅游产业的主动融合主要是指旅游产业中部分要素超越了其自身与文化产业间的边界线，进而对原有的融合产业链产生一定的影响，使得文化旅游业态发生了新变化的过程。最后，文化旅游产业的互动融合模式是指旅游产业与其他产业在互相融合时，同一时间出现了被动融合与主动融合的完整

过程。可以说，文化旅游产业的被动融合充分体现了文化产业链对旅游产业链产生的作用与影响的过程，而文化旅游产业的主动融合彰显出旅游产业链对文化产业链产生作用的过程。最终两者之间的相互融合则彰显出文化产业与旅游产业的产业链间彼此作用的过程。

三、文化旅游产业基于概念模型融合模式的作用

（一）体现了文旅产业融合原因、过程和结果的统一性

学者对文化和旅游产业融合模式的研究往往建立在产业融合理论的基础之上，涵盖了渗透、交叉以及更为复杂的产业链交叉渗透、横向拓展和纵向延伸等多种模式。这些研究尝试从理论角度解析文化产业与旅游产业的结合方式，却往往忽略了深入探讨两者融合的核心本质。由于缺乏对融合本质的深刻理解，导致模式概念的界定模糊不清，各模式之间存在较大的重叠和交叉，可以说，脱离融合的本质原因对旅游产业融合模式进行定义，在某种程度上并没有解决对模式进行本质概括的问题，从而无法将所有融合现象进行统一与概括。以上文化和旅游产业融合模式的研究只是凸显了文化产业与旅游产业相互融合过程中彼此影响与作用的方式，并没有在彼此作用下从融合结果的角度进行分析与定义。因此，对于融合模式的精确界定，需要从其根本原因、详细过程以及最终结果三个方面进行全方位的考量和分析。

以概念模型为基础的研究方法为文化产业与旅游产业的融合提供了一个全新的视角。这种方法不仅关注两者融合的起点、过程和终点，而且还揭示了不同融合模式之间的本质区别。通过对融合过程的全面分析，这种方法能够有效地识别和总结出各种不同的融合现象，进而准确地描绘出融合的本质特征。

（二）准确识别文化和旅游产业融合的可行性

尽管旅游业的界限并不明确，展现了其易于与其他行业相结合的属性，这并不意味着旅游业能够与所有行业无障碍融合。对融合本质上的差异进行详细分类，能够明确在不同的融合模式中，文化旅游业应如何有效进行融合。在文化产业与旅游产业发生被动融合的情况下，只有旅游产业主动融入文化产业的资源体系，才能促使相应的要素进入到旅游产业当中，从而实现旅游产业新业态的形成。

当两者主动融合时，被动融合的一方需要具备吸引游客的特质以及构成旅游文化资源的资本，由此旅游业才能在此基础上对其服务内容进行延伸与融合。因

此，在制定政策时，应鼓励旅游业主动寻求与有巨大旅游发展潜力的文化产业进行融合。同时，促进旅游业与具有广泛融合资源平台的文化产业进行结合。这样的政策导向既能提高融合的效果，又能很好地规避由于全力开展文化产业与旅游产业相融合带来的盲目性。

（三）掌握文旅产业融合中改变与被改变的过程

文化产业与旅游产业相融合能够使两者相互影响与改变。所以，文化产业改变旅游产业的产业链时应该尽可能多地创造文化领域无形要素的资源平台，在选定旅游相关资源的基础上，大力开发旅游文化产品。在旅游产业主动融合的情况下，应在文化资源应用平台上进一步丰富旅游服务形式，从而生产出新的旅游产品，进而不断开发新的与之相关的文化产品，最终实现旅游文化产业链条的改变，同时也促使旅游文化新业态出现。所以，对于主动融合模式下的融合现象，应该在创新旅游文化产品的基础上，进一步开发新的衍生产品，从而推动旅游产业对文化产业产生影响与作用的进度，加快文化产业与旅游产业积极融合的过程。

（四）重新认识文化和旅游产业的融合结果

以往关于文化和旅游产业融合模式的学术研究中，仅提出了新业态或者新产业等创新模式的产生，没有把融合的原因、过程与结果等因素综合起来考虑。所以，无从辨别出旅游产业差异性，以及融合模式及普通模式下产生的融合结果的区别。两者间的融合模式具备差异性的创新结果表明了差异性的融合效果。如果不考虑融合模式进行分析，就会造成融合效果的不真实。在概念模型基础上把其结果与过程融合到一起进行分析，有利于辨别差异性的融合结果出现的过程与原因，并且可以在不同的融合时期重新了解两者融合创新转变的过程。被动融合的最初阶段主要表现为一些功能模块的创新，主动融合的最初阶段主要是指旅游文化产品的研发与生产。

（五）进一步阐释文化和旅游产业融合的概念内涵

在当下的学术环境中，文化和旅游产业的融合领域的研究正处于起步阶段，尚未形成一个系统化和全面的理论框架。这一领域的研究亟需从探讨融合的深层次原因和内在含义出发，对其背后的本质进行深入剖析。目前，大部分研究工作主要集中于对文化和旅游产业融合现象的表层描述，缺乏对两者融合过程中本质特征和内在逻辑的深刻理解。这种表层的研究方法难以揭示文化和旅游产业融合背后的根本动因，也就无法为这两个产业的有效融合和未来发展提供有力的理论支撑和实践指导。

为了克服这一研究局限，建立起一个能够全面解读文化与旅游产业融合本质的概念模型尤为重要。对现有理论的批判性审视和实践案例的深入分析，可以构建一个既有理论深度又贴近实际的融合发展模式。这样的模型不仅能够为理解文化和旅游产业的融合提供一个多维度的视角，还能够揭示两者融合过程中的关键因素和影响机制。理论与实践的结合不仅能够更准确地把握文化和旅游产业融合的核心特征，还能够为指导两大产业的融合发展趋势提供科学的方法论和实践路径。这种方法论的建立将促进文化和旅游产业的深度融合，为两者带来更加丰富的创新机会和发展潜力。

（六）明确文化和旅游产业融合发展的实践方向

当下的文化和旅游产业融合的学术研究并不完善，还不能精准地引导产业融合的实践发展。倘若学术研究对两者融合的本质特点掌握不精准，就会造成实际中两者无法达到理想状态的融合。在概念模型基础上的融合模式研究对差异性模式下的过程、结果以及融合的本质原因给出了确切的定义，深化了对两者融合模式下的创新结果、前提条件以及产业链改变过程的理解，因此可以明确指导两者融合具体活动的发展方向。

四、文化和旅游产业融合发展的具体模式

两大产业的融合使得文化产业中的无形要素渗透到旅游产业，从而提升了旅游品质，丰富了旅游内容，与此同时，文化产业也因为旅游产业的开发与发展变得更加富有活力。文化产业与旅游产业融合的模式多种多样，当前比较盛行且能够实施的模式包括政府引导型模式、市场主导型模式、旅游带动型模式。

（一）政府引导型模式

笔者认为，政府引导型模式主要应围绕政府、政策和环境展开论述。

1. 转变政府角色

为使两大产业加快融合，政府角色正在发生转变，具体表现如下。

第一，政府要为文化产业与旅游产业融合的发展打造适宜的环境，通过出台相应的政策，制定符合市场发展需求的法律法规，从而实现市场的规范化管理。

第二，政府需放宽对两大产业融合的产业管制，通过改革传统体系、政策及

管制来促进两大产业的交融，消除当前旅游产业管制中的不利因素。

第三，政府要为两大产业融合发展制定相关的政策法规，提供技术支持。其中包括大力发展技术并强化在两大产业融合中的作用，促进文化产业与旅游产业融合发展进行规则的转变，加强社会性与激励性规则的进一步完善。

2. 提供政策支持、法规保障和管理协调

（1）政策支持方面

政府不仅通过建立共享资源平台促进资源的有效整合和共享，还通过提供资金支持和优惠政策，激励和引导企业及相关机构积极参与到文化旅游产业的融合发展中。这些资金支持主要体现在设立专门针对动漫旅游、旅游演艺、旅游电子商务以及影视旅游等领域的发展基金，从而为产业融合提供强有力的保障。同时，政府还通过举办各种节庆展会和建设文化创意产业园区等活动，为两大产业的融合创造更多合作机会和平台。此外，制定土地流转政策、发展政策以及税收等优惠政策，进一步降低了企业运营成本，激发了市场活力。

（2）法律保障方面

在法律保障方面，考虑到文化创意与旅游产业融合的成果极易被复制与模仿，政府采取了一系列措施确保这些创新成果得到充分保护。这不仅包括对原创内容本身的保护，也涵盖了由此衍生的版权、商标权、知识产权及专利权的保护。这样的法律手段不仅保障了原创者的合法权益，也为文化创意产业与旅游产业的健康融合发展营造了一个良好的法律环境和市场环境。

（3）管理协调方面

政府发挥着不可或缺的协调作用，通过解决企业中存在的多头管理和行业壁垒问题，清晰界定管理职责。这涉及对现有旅游景点和文化资产管理体制的优化，包括将原本分散在林业和草原局、园林局、旅游局和文物局等不同部门管理的资源进行整合，消除不利于产业融合发展的政策和法规障碍。另外，政府还加强了统一的管理和服务，如通过从各有关部门中抽调人员，成立了专门负责文化产业园区的管理委员会，这个新机构被赋予了统一规划、服务、审批以及管理两大产业融合项目的职责，为文化旅游产业的融合发展提供了有力的政策和管理支持。

3. 形成产业融合共识，营造发展环境

在当前的经济与社会发展背景下，旅游行业正面临前所未有的挑战与机遇。随着消费者需求的不断升级，旅游产品的供给也必须实现相应的创新与变革，以满足更为多元和高质量产品的需求。同时，文化产业作为一个充满活力的领域，其与旅游产业之间的界限越来越模糊，两者之间的融合与互动也日益频繁。在这种背景下，旅游行政管理部门应担当起推动旅游与文化产业融合发展的重要角色，通过政策引导和资源整合促使两个产业相互促进、共同成长。

具体来说，可以创建一个集交流、资讯、交易、商务、营销于一体的综合资源平台，为企业间的合作提供便利条件，促进信息的共享和资源的有效配置。这样的平台不仅可以帮助旅游和文化产业的企业发现合作伙伴，探索新的商业模式，而且还能为消费者提供更为丰富和便捷的服务，从而推动两大产业的融合发展，实现共赢。

从旅游开发者的角度来看，他们更加注重实现利益的最大化。但是过于追求经济效益的后果就是忽略了对生态环境以及历史遗迹的保护，这会严重影响游客的旅游体验。所以，用旅游市场推进文化产业发展、弘扬与保护民族传统文化不仅具有可实践性，而且具有一定的迫切性。优秀传统文化需要后代的继承与发扬，也需要借助旅游市场之力扩大其影响力并推动其发展，在这期间尽量避免文化发生质的变化。在文化旅游产业的融合当中，政府以监护者的身份进行开发与协调保护，从宏观视角调控产业经济效应。旅游活动通过游客完成，要使游客在旅游中感受到旅游目的地的人文气息与当地文化特色，增强大众的文化遗产保护意识，不可随意破坏文化历史遗迹与文物。游客对旅游目的地的了解主要借助旅游解说系统。通过旅游解说系统，旅游者可以更加精准地认识、理解、欣赏当地的文化，传承与弘扬中华优秀传统文化，从而达到学习中华优秀传统文化的目的。

（二）市场主导型模式

1. 提高大众认知力，引导旅游消费

如今，旅游市场不断扩大，对文化旅游产业而言，培育既有水平又具规模的消费群体对于指引创意产业发展和进一步扩大基础消费市场至关重要。为维持这两大产业的稳定、持续与健康融合，当前融合领域应通过特定渠道吸引更多游客。

第一，培养旅游群体的认知能力，不断提高其对文化产业的接受程度。随着大众生活水平的不断提高以及数字信息技术的迅猛发展，通过网络平台对旅游消费群体进行培养成为一个重要手段，这对提高旅游文化产品的认知水平与接受能力具有极为重要的作用。所以，文化旅游产业可以与新闻出版业、印刷服务业结合，借助建设博物馆、数字电影放映网络系统、文化旅游在线高峰论坛与数字广播电视信息平台等方式服务旅游消费者。

第二，在当前旅游文化产业的快速发展中，深入研究和理解游客的心理需求，

开发与之相符的文化旅游产品尤为关键。这种做法能够有效地引导和拓展新的消费领域，同时也能培养起一批新的消费群体。这不仅有助于通过旅游消费促进经济的稳定增长，而且还能促使旅游文化产业朝着更加多元化和个性化的方向发展。为了实现这一目标，必须从消费者的视角出发，深入分析他们的认同感和需求层次，进而开发出既符合市场需求又具有文化特色的产品。具体到产品开发，这包括对具有浓厚文化和历史底蕴的景区进行改造和升级，如环城公园、博物馆等，这样的改造不仅能够保护和传承文化遗产，还能够提升这些景区的旅游吸引力。利用高端技术和创新理念，可以创建出集休闲、度假和旅游观光于一体的新型文化旅游业态，这种业态能够为游客提供更为丰富和多样化的旅游体验，满足他们对于文化探索和休闲放松的双重需求。同时，需要结合当地文化和旅游资源，设计和推广一系列兼具艺术性、实用性、附加值和文化性的旅游产品，这些产品不仅能够满足游客日益增长的消费需求，还能够为他们提供独特的文化体验。通过这样的方式，旅游文化产业不仅能够满足现有市场的需求，还能够不断探索和开拓新的消费市场，为文化旅游产业的持续发展注入新的活力，同时创造更大的经济价值。

2. 开发文化旅游产品，挖掘文化旅游需求

产业融合并不意味着盲目地创新文化产品，而是要依据市场发展规律循序渐进地推进其发展。两大产业的融合只有依据市场发展规律，寻找恰当的融合机会，才能发挥出市场在资源配置中的决定性作用。只有以市场需求为导向的产品才是具有消费市场的产品，也只有这样的产品才是真正能够满足旅游消费者需求的产品。

在当前旅游市场中，游客对旅游产品的需求呈现出前所未有的个性化和多样化趋势。为了迎合这一市场变化，各企业纷纷投入资源，开发出更加符合消费者需求的新型旅游文化产品。这一过程不仅涉及旅游产业本身，还包括了与其他多个产业的深度融合，尤其是在文化旅游产品的开发上尤为明显。通过行业之间的合作与交流，不同企业能够共享市场信息，相互借鉴各自的优势，最终形成一个全新的产业融合体。这种产业融合不仅促进了新创意的产生，还带动了新财富的创造和新商机的开发，为市场注入了新的活力。在这个过程中，创意产业的作用尤为关键，它通过不断激发和满足游客的购买潜力与消费需要，推动了旅游产业的持续发展。这种以创新为核心，以满足消费者需求为目标的发展模式，为旅游产业开辟了新的消费群体和消费空间，同时也促进了经济的持续健康发展。

在满足游客需求的过程中，旅游产品所扮演的角色远超简单的物质满足，它更多地触及了游客的精神层面。这一点从马斯洛的需求层次理论中可以得到印证。马斯洛的需求层次理论指出，人类需求从基本的生理需求到高阶的自我实现需求层层递进，而旅游文化产品恰恰能够触及人类需求的高层次，即精神和文化需求。因此，深入研究和理解游客的内心，挖掘他们对旅游文化的深层需求，成为旅游产品设计与创新的重要方向。为此，企业需要根据不同消费者群体的具体需求和价值取向，定制化开发旅游产品，无论是创意小产品还是深度文化体验，都应当精准地对应消费者的期待和需求。通过这样不懈地努力和创新，旅游产品才能够更有效地激发消费者的购买欲望，引领消费潮流，从而实现在新的市场环境下创造财富增长和满足新兴需求的目标。

（三）旅游带动型模式

在旅游产业的发展过程中，旅游带动型模式起到了至关重要的作用，这种模式可以分为被动融合与主动融合两大类。本文重点探讨的是主动融合模式，着重分析了它在推动产业融合发展中所展现出的独特作用和特点。

首先，旅游产业在主动融合过程中，能够有效地将有形的资源载体与无形的服务元素结合起来，这种融合不仅可以扩大服务的应用范围，还能促使被融合产业的相关功能及其产业链条发生变革。这种变革不仅体现在产业内部结构的优化，还体现在对外服务能力的提升，从而使得旅游产业能够更好地满足市场和消费者的需求。

其次，在旅游产业主动融合的过程中，传统产业的有形要素被赋予了新的价值，通过创新思维和技术的应用，形成了新型的文化旅游产品。随着产业链条中生产环节的变化，产品销售和资源开发环节也随之发生改变，这些变化反过来又促进了旅游产业功能和作用的转变，进一步推动了旅游产业向更加多元化和专业化的方向发展。

最后，旅游产业在主动融合的初期阶段，主要集中于新产品的研发与生产。随着时间的推移，这种模式逐渐发展并演变为旅游新业态，这种新业态不仅丰富了旅游产品体系，还改变了人们对于资源的传统观念，对旅游规划与开发提出了新的要求。这种变化不仅提升了旅游产业的整体竞争力，也为消费者提供了更加丰富多彩的旅游选择，促进了旅游产业的持续健康发展。

1. 改变旅游资源观，鼓励文化旅游产业主动融合

文化旅游产业交互融合时，文化产业必须具有创造价值、吸引游客、开发价

值的特点，这三个特点构成其成为旅游资源的可能性，以便旅游服务融合，扩展该产业的旅游服务效力。在国家政策的指导下，全国文化旅游产业的互动发展前景积极，多个旅游领域取得显著进步，产业融合趋势加深，辐射范围日益扩大。在选择融合对象时，要根据产业融合的有关理论基础，有目的、有步骤地开展产业融合，杜绝一些跟风式的产业融合活动。为促进文化旅游产业之间的融合，政府需要转变其以往的旅游资源观，关注旅游消费者的审美需求，重新辨别共享资源要素，主要选择开发价值较高且具有极大吸引力的资源。旅游行为已经从观光转向了体验，以往具有单一观光功能的旅游产品早已不能满足游客的需求，现在的旅游产品已经变成集娱乐体验、休闲度假、参观游览等各种旅游需求为一体的产品。政府要根据旅游消费者的需求对旅游资源市场进行可行性评估与针对性地改造。政府需依据游客需求，开发具有历史文化和民族特色的旅游产品，促进文化与旅游产业的融合，更新传统旅游资源观念以拓展旅游产业融合途径，充分利用旅游资源推动文化旅游产业的融合发展。

2. 开发旅游相关产品促进文化旅游产业主动融合

文化旅游产业主动融合阶段的表现：第一，在建立文化资源平台的基础上延伸旅游服务，研发新的旅游文化产品。第二，在原有产品基础上持续开发新的旅游产品，通过变更产品设计、开发与销售环节的形式实现产业链的改变。在这个开发过程中，必须强调紧紧依托于文化产业的各类资源，这样做是为了确保新兴的旅游业态能够保留并强化其独有的文化特色。

以农业文化为例，开发与之相关的餐饮产品，应该着重于农家乐和绿色健康饮食的概念；住宿产品的开发则应当充分利用乡村的文化资源，打造出具有农业旅游特色的住宿体验；而旅游商品的开发也应当以展示和传承农业文化，或是农村的手工艺文化为主导。这样的方式不仅能够更好地满足游客对文化探索的需求，同时也能够突出新业态融合下产品的特色和魅力。

3. 因地制宜，促进文化旅游产业主动融合

政府在推动文化旅游产业与其他文化产业主动融合的过程中，应当充分考虑到各个地区的特色和实际情况，采取因地制宜的策略，以确保融合方案的适宜性和有效性。这意味着在不同地区推进文化和旅游产业融合的策略中，必须基于当地的文化资源基础，挖掘和利用这些资源的独特性，选择与之相匹配的文化产业进行融合。

例如，海南省推出亚洲博鳌论坛，不仅丰富了旅游产品的内涵，还实现了旅

游业与高端论坛活动的成功融合；青海省则积极打造环青海湖自行车赛事，将旅游与体育赛事相结合，展现了旅游业与体育产业融合的典范。这些成功案例表明，结合各地区的优势产业和特色资源采取有针对性的融合策略，不仅能够有效地利用和发挥地区特色，还能进一步推动文化旅游产业的繁荣和发展。

第二节 文化和旅游产业融合发展的路径

一、文化和旅游产业融合发展的资源整合路径

（一）以规划整合带动资源整合，实现文化和旅游产业融合良性发展

对文化与旅游资源的整合应扩展全国范围进行整合，然后规划其发展。整合规划指基于现有的成熟路线提出了以大点——精品线路中的国家 4A 级以上的旅游景点或世界遗产带动地域性的小点——旅游文化景点共同发展，以长线——与价值较高或处于主要交通干线上的景点相连接的旅游路线引导短线——连接小点或者处于次级交通干线上的旅游路线，将旅游路线与旅游景点整合成大小不同的旅游网络，以较大规模的旅游网络带动较小规模的旅游网络，进行大力发展的整体规划思路。从本质上看，旅游资源的整体规划整合就是整合旅游资源的“点、线、面”，按照旅游资源管理中的“小轴”思路进行整体管理。作为整合的基础，点的选择极为重要。旅游资源的整合过程不仅要做到“大化小”，同时也要注意“小成大”。在规划时注意在大点的基础上，将价值或等级相近或相同的大点连接成大圈，围绕着大点对文化内涵互补或者对相同、相似的小点资源进行整合，形成多个从中心大点向四周小点辐射的小圈，以形成“以大圈带动小圈”“以小圈簇拥大圈”的互相促进、共同发展的旅游文化产业发展格局。

例如，山西省晋中市有集中且丰富的民俗文化旅游资源，可将其规划成大面。结合城镇化发展中“一核一圈三群”的思路来看，太原尤其是其周围都市圈的规划非常重要，它是晋中地区县市发展的核心地区，发挥着不可或缺的作用。“敢为天下先”的晋商文化和与之相关的富商大院文化最能展现晋中地区民俗文化的历史资源，其中，无论是太原还是平遥古城（世界文化遗产），均为知名地区。在山西省内，基于这两个地区的知名度和影响力，晋中地区可将这两个地区作为两个规划整合的大点对中部区域进行盘活，甚至可以尝试覆盖全省。

一方面，结合晋东南区域丰富的自然景观和旅游文化资源，积极发展以“红色文化”和“绿色生态”为主题的旅游活动，即“红绿古游”和“红绿游”。这一策略旨在通过整合区域内的历史遗迹与自然美景，吸引更多的游客。同时，参照长夜太行山大峡谷的成功开发规划，通过省与省之间的紧密合作，力求将太行地区的自然风光及其文化价值推广至全国乃至国际舞台。具体来说，以黄河壮丽的河流景观和太行山脉的雄伟山川为主题，致力于打造一个集自然美景、历史文化于一体的旅游文化项目，以提升该地区在全国乃至国际旅游市场中的竞争力。

另一方面，为了进一步拓宽旅游发展的空间和深度，计划制定向南至运城、临汾地区的扩展计划，目的是将规划范围扩大，形成一个更加广泛的旅游目的地网络。这一扩展计划旨在连接临汾尧庙、晋城炎帝陵、女娲陵、运城舜帝陵庙以及关帝庙等多个具有深厚历史文化的核心景区。这不仅能够为游客提供独特的文化体验，让他们在探索旅程中感受中华深厚的历史和文化底蕴，同时也有助于推动当地经济的发展，为当地居民创造更多的就业机会和收入来源。与此同时，借助精卫填海等一系列晋南地区精彩的上古神话传说，为景点注入中华民族远古文化之魂，建设起一片独具魅力与特色的神话文化旅游区，将文学中引人入胜的上古神话展现给游客。

依据上述思路，可以结合不同的旅游层次，即游客不同的喜好、需求对特色旅游产品和旅游路线进行开发。例如，为中小学生提供“红色游”，促进其形成坚定的爱国意识和良好的动手能力；向大学生提供“文化游”以及“探险游”满足其对新奇刺激的追求，同时增强其文化知识涵养；面向老年人的“民俗文化游”可以实现他们在精神方面的追求；还有为情侣提供的“爱情文化游”，在牛郎织女传说与《西厢记》两个故事的发生地为其提供特色文化旅游体验；对于旅游地区的游客可提供“一两日游”；对国内游客可提供“三五日游”；以“古建文化游”面向欧美游客；以“关公文化游”“根祖文化游”面向东南亚游客；以“遗址游”“考古游”面向广大学者。在开发农耕文化方面的旅游资源时，可以适当创新，向其中融入带有传统文化色彩的各种符号与因素，进行理念和实践两个层面上的创新。

总而言之，将“多层次需求”与“个性化设计”结合发展，按照“大带小”和“小促大”的思路进行开发，在建设骨干线路的基础上，以其优越的旅游资源优势进行创新开发，打造特点鲜明、规模各异、消费层次多样化的专题旅游路线，推进文化旅游产业的融合与发展。

（二）以核心产业整合支撑产业，构建旅游文化产业融合发展平台

1. 依托文化旅游方式，全面提升购物水平

以山西地区为例，鼓励开发富有地方特色和文化价值的旅游工艺品，不仅增强了旅游产品的吸引力，还提高了游客的购物消费水平。这些工艺品不仅充分展示了山西丰富的文化遗产，更成为游客带回家中的独特且珍贵的纪念品。通过这种方式，旅游文化产业的融合不仅促进了地方经济的发展，还提升了游客的整体旅游体验。

2. 借助文化旅游业，重点发展特色餐饮

以河南省的面食文化为例，通过开设专用餐厅或旅游类饭店，河南省不仅成功地将豫菜的特色展现给了广大游客，还挖掘和弘扬了河南丰富的传统餐饮文化。这些特色餐饮品牌和产品的开发，不仅使得游客能够在旅行中享受到地道的美食，还有助于将河南省的餐饮文化推广到更广阔的市场。

3. 以文化旅游为主，加快发展大众娱乐

深入挖掘和利用民俗文化最具代表性的元素，可开发一系列具有较高趣味性和参与性的文化娱乐项目。这些项目不仅吸引了大量游客的注意，促使他们主动参与体验，而且还丰富了文化旅游的内涵，促进了相关产业的共同繁荣。这种以文化旅游为主导的产业发展模式有效地打破了以往仅依赖门票收入的低效局面，展现了文化旅游强大的带动力和广阔的发展潜力。

4. 以文化旅游为主，积极培育新型旅游业态

只有将文化旅游业与其他相关产业充分结合，创建大区域化发展和大旅游的规划思路，才能将其联动效应更充分地发挥出来。为此，可结合各层次游客的品位与偏好，开展工农业、采摘、观光、休闲度假、体育赛事以及商务会展等多种类型的文化旅游业态，打造多层次、多品牌、形态多样的旅游文化产业体系。

5. 以文化旅游效益带动公共服务水平，加强基础设施建设

在文化旅游产业的发展过程中，要充分利用旁侧效应的原理，依托早期旅游文化发展积累的动力，积极推动相关基础设施的完善与建设，从而为文化旅游的深入发展奠定坚实的基础。这种策略不分地域，普遍面临着一个共同的挑战，即文化旅游产业所需的配套服务设施建设远远不够完善，其主要表现为旅行社不具备足够强大的品牌效应，景区没有与之匹配的服务管理，信息的标识与咨询、国际通信以及外币兑换等不完善，目前仍与国家标准相差甚远，无法达到市场要求，

现阶段景区仍缺乏高技能管理型人才、多语种导游服务，这些问题对文化旅游产业的融合与发展形成了障碍。因此，旅游文化地加强服务业的建设以及提高服务管理水平都非常必要。

总体来说，为了推动文化旅游产业的深度融合，建议从酒店及餐饮业的关键环节——吃、住入手，致力于提升服务水平和品质；建设故事演绎文化园、主题文化公园等地方特色凸显的大型娱乐项目，强化“娱”方面的发展；在旅游安全、环境建设、医疗保障方面构建更安全、可靠的保障体系，构建促进文化和旅游产业融合发展的广阔平台。

（三）以大景区整合分散资源，实现旅游文化产业集群化发展

大景区通常指 4A 级以上的国家景区以及世界文化遗产，这类景区通常具有较高的级别、较大的规模和深厚的文化内涵。首先，这些旅游企业现已表现出了聚集性特征，与此相关的行业、企业都会影响其所在旅游区域的市场竞争力，旅游地相关的利益群体聚集在一起是形成文化旅游产业集群的关键性条件。其次，在旅游区域聚集的多个企业之间也有着非常紧密的产业联系，这些企业之间共享信息和知识。由此可看出，在国内各个旅游区域中，当地居民、旅游产品供应商、旅行社、旅游宣传机构与为当地旅游景点提供基础设施的企业或单位均属于利益相关群体，他们在行为理念上达成的共识与共享的信息都对当地旅游业的可持续发展和健康运营有积极的促进作用。最后，旅游区域应具备一定的创新能力，分布于同一区域中的旅游资源往往较为分散，旅游观念参差不齐。针对这一点还需向发达国家借鉴开发建设的先进经验，以持续的创新建设为落后区域旅游文化产业的串联提供强大的动力。

（四）以跨区城合作整合旅游文化资源，促进旅游文化产业融合

一方面，要深入开展招商引资活动，提高资金的利用率，促进旅游文化产业融合发展。如今，很多省份已经获得了综合配套改革试验区的资格，这有助于加强各省的资金流入。在这一政策的引领下，各省应深挖旅游资源的文化价值，提升旅游产品质量，创造有吸引力的旅游文化产品，促进旅游经济发展，实现区域共赢，同时丰富旅游体验，推动旅游产业持续发展。

另一方面，应深入加强旅游资源的互补与共享。在进行文化旅游资源整合时，应将地域文化特色充分展示出来，同时还应与周边省市地区不断强化合作，在此基础上，建立庞大的包含文化渊源、经济与人脉的关系脉络，加强与其他旅游区域之间的合作，推进文化旅游产业发展。在实施过程中，要应用区位理论和比较优势理论，科学规划国内文化景区，推行差异化发展策略，积极打造既富有文化底蕴又具地方特色的旅游区，促进区域间合作与依存，增强文化旅游吸引力。此外，还要整合资源和优化机制，建设区域无障碍旅游文化圈，丰富旅游体验，助力地方经济持续发展。

二、文化和旅游产业融合发展的市场整合路径

（一）文化旅游产业市场的空间市场整合

文化和旅游产业融合发展将会生成旅游文化产业，以这一产业领域的文化特色为依据创造的产品就是文化旅游产品。从客观角度上看，对旅游与文化所在的文化旅游市场进行空间市场整合会导致某一旅游文化产品的市场价格发生变化，而这种变化会影响另一种旅游文化产品的市场价格。在理想的市场竞争条件下，不同地区市场之间的贸易会使得产品在进口地的价格等于出口地价格加上运输成本。若出口地价格变化，进口地价格也将相应调整，这反映两市场能进行整合，即信息与资源流动畅通，能即时反映供需变化。

（二）文化旅游产业市场的营销阶段整合

文化旅游产业市场的营销阶段整合是通过对市场营销各个阶段的深度分析和综合调整，来实现产品价格在不同营销阶段之间的合理衔接和传递。具体而言，这涉及如何将产品从生产者转移到消费者手中的过程，各个环节的价格变化和成本分析，要确保每一阶段的价格设置都能够真实地反映其价值和成本。例如，在批发和零售市场之间的整合中，如果一个产品在批发阶段的价格加上相应的营销成本能够与其在零售阶段的价格相匹配，这表明市场在这两个阶段之间实现了有效的价格传递和成本反映，达到了营销阶段的整合。对于文化旅游产业而言，营销阶段的整合更加复杂，因为它不仅涉及物理商品的传递，还包括服务、体验等非物质文化产品的价值转化和传递。因此，研究文化旅游产品在不同营销阶段的价格变化及其影响，不仅要考虑物理成本和价格，还要深入分析文化价值、服务质量等因素如何在不同阶段影响产品的最终价格。实现营销阶段的有效整合意味着能够确保文化旅游产品在市场上的流通和交易更加顺畅，产品价值得到合理反映，进而促进文化旅游市场的健康发展。

（三）文化旅游产业市场的时间整合

文化旅游产业市场的时间整合关注的是产品价格在时间序列上的变化及其对未来价格的影响，强调了对时间变化敏感性的管理和调整策略。在讨论时间整合时，一个核心的考虑因素是如何通过对储藏成本的合理计算，以及通过对现期价格的准确把握来预测和影响未来价格的变化。这不仅涉及对物理存储成本的计算，如仓储费用、保险费用等，也包括对市场需求变化、季节性因素、文化活动影响等非物理因素的考量。时间整合的目的在于通过对这些因素的综合分析，实现对文化旅游产品价格变化的合理预测和调整，以适应市场的长期需求和变化。例如，如果一个文化旅游产品在旺季之前的储藏成本和现期价格能够被合理计算和加以利用，那么其在旺季时的价格就能够反映出这些成本和价值的累积，从而实现对未来价格的有效预测和控制。

三、文化和旅游产业融合发展的营销整合路径

（一）景点营销整合

从景点方面来看，要想使文化旅游景点内部的文化内涵更加丰富，可以学习其他旅游文化资源地区的营销手段及方式，进行有效、恰当的营销。可营销一些具有较高知名度、举世闻名的旅游资源，如平遥古城、张家界森林公园、清明上河园、云冈石窟等，在建设理念上可采用“大景点支撑”的形式，利用创新设计的方式直接将现实资源转化为旅游产品，在保留其风格面貌的基础上打造精品旅游区域，使其在国际旅游文化体系中占据一席之地。有些地域的传统文化虽已失传，但仍可以结合历史记载，对相关题材的历史文化进行深度挖掘，将其历史面貌重现于大众面前，通过人造景观的形式再现历史民族文化。例如，这种建设模式在山西“丁村古村落”（位于襄汾）的建设中较为适用，结合相关资料还原当年民俗建筑的样式，将原始的车船运输、农具耕作等一系列传统的习俗及古老的民俗展现在游客眼前，以此来吸引更多的国内游客。

对于一些历史事件或者传统民俗节日的发生地，可将其与具有时效性特点的旅游事件相结合，打造多样化的区域文化旅游活动，如包公祠一类具有深厚历史文化内涵和特殊文化经典的景点，可在劳动节、国庆节、旅游旺季、民俗节假日借助新闻媒体的力量进行亮点宣传、广告造势，利用影视宣传等方式提高景点的知名度，将特有的文化重点体现出来，再联合文化传播公司共同承办相关主题的

节庆演出。例如，开封连续多年举办菊花节，并以该系列的活动打造具有独创性的新颖的载体，为国内外游客创建欣赏交流的平台，进一步提高和扩大了开封古城的知名度。与此同时，还可以加强国内外游客对开封的了解与关注，进而增加开封带来的社会效益与经济效益。近年来，随着影视剧行业的快速发展，开封获得了喜人的建设成绩，借助精彩的影视作品，进一步扩大了旅游业的宣传成效。

一些依靠民间文学发生地建设的景区，在营销时可选择情景营销的方式完成文化资源与旅游资源的整合。例如，在游客旅游的路线中塑造一些小场景引导顾客参与其中，让他们扮演故事中的角色身份身临其境地体验和感受，打造“角色融入式旅游”，抑或采用电影制作的方式，让游客亲自参与影视角色的扮演，与此同时游客可以花钱购买自己或亲人参与演出的影视作品。现阶段，我国有很多这种类型的旅游景点，如《西厢记》的发生地——运城永济等。这些景区将流传至今的传奇故事与旅游文化节庆相结合，创建游客参与互动的体验性旅游，并凭借这种亲身参与体验的形式吸引各方游客。这种创新的营销方式不仅可以使游客获得良好的旅游体验，还可以加强旅游地对国内外游客的吸引力，提高整体经营效益。

站在游客的角度上看，随着广大游客对文化旅游喜爱程度的增强，应该分类处理游客的需求并分类营销，之后再进行营销整合。据统计，女性与男性游客占比几乎相等，这就要求旅游营销策划者在制定营销策略时，不仅要照顾到男性游客的喜好，同时也要照顾到女性游客的需求。从游客的年龄上来看，青年客群的人数要远远高于老年人客群。正是有以上各种原因，所以在制定旅游营销规划时，要满足不同旅游群体的旅游需求，同时实施分层次营销。从游客职业角度来看，游客群体主要有企事业单位人员、学生、教师。因此，可将重点营销对象设定为学生，加大新型旅游路线的建设和宣传，以多种优惠手段吸引其前来旅游。根据旅游方式分析游客群体，自驾游与自助游的群体占多数，因此，应给这类游客提供完备的基础设施。总而言之，应将游客的特点与需求作为切入点，进行恰当、有效的旅游宣传和举办针对性的旅游优惠活动。

（二）区域整合营销

为有效整合各区域营销资源，可聚焦于营销人才与策略的整合。中国地大物博、人口众多，各地区的资源迥异，经济发展、交通建设程度各不相同，不同地域之间应将文化产业与旅游产业作为营销整合的核心点，并据此建立营销服务平台。首先，站在营销理念的角度上看，各个地区所坚持的营销理念应保持一致，努力打造国家性的旅游文化基地，当资源互补或类似时，应坚持求同存异的资源处理方式和营销方式，以有效、恰当的宣传促销手段塑造高知名度的旅游文化品牌。其次，应加强营销环节的设计，将旅游文化产品的设计开发与品牌的整体打造密切结合，建设多样化、多层次的旅游文化品牌，同时设计优秀的旅游文化产品，整合多种营销方式，使游客的特殊化、定制化及层次化的旅游需求得到满足。

四、文化和旅游产业融合发展的政策整合路径

（一）政策整合的必要性

在我国社会经济与国民经济发展的过程中，文化旅游产业发挥了重要的作用。政府为了重新整合产业间的各项资源，调整企业原本的经营活动，推出并实施了政策整合这一措施。为了促使经济与社会发展的特定目标在一定时期内实现，制定了文化旅游产业政策整合的办法，这一办法综合了针对两大产业共同发展的多项子政策。通常情况下，政府会以政策整合的方式干预旅游经济的建设发展。结合我国文化旅游产业发展的实际，制定对应的发展政策。这有助于快速提高我国旅游文化产业在国际市场中的竞争力，保障这两大产业健康、可持续发展。

1. 符合国家产业发展的重点

根据国家产业发展的战略规划和重点，将经济产业的现状与未来发展前景结合起来进行考虑，我国文化旅游产业的政策整合与国家制定的产业政策纲要中提出和规划的工作重点方向高度一致。在当前经济形势下，文化产业和旅游产业作为新兴的朝阳产业，不仅被列为第三产业发展的重点，而且被认为具有巨大的发展潜力和重要的战略意义。这两大产业的发展不仅能够有效促进社会文化的繁荣和多样化发展，还能为经济发展注入新的活力和动力。

2. 符合经济发展的客观要求

在当前的经济环境中，发展文化和旅游产业已经被证明是扩大内需、促进国民经济增长的有效途径。考虑到这一点，加快制定和实施促进文化和旅游产业融合发展的政策变得尤为迫切和必要。这种政策的制定基于文化旅游产业在扩大内需方面的显著功能，旨在通过促进这一产业的融合发展，提升国家经济的增长速度，同时确保经济发展的质量和可持续性。因此，推动文化和旅游产业融合发展的政策整合成为国家经济市场发展的必然选择和客观要求。

3. 符合旅游产业与文化产业本身的特点

文化旅游产业的一个显著特点是其发展与其他行业之间的关联性非常强。这意味着，文化旅游产业的发展不仅依赖于其他产业的支持，而且涉及多个行业和企业部门。因此，其发展需要和多个部门协调合作，不能单独依靠某个政府部门或者某个旅游部门来实现。此外，文化旅游产业的发展还需要在国家宏观产业政策的指导和支持下进行，这是确保国家能够有效调控和推动旅游文化产业发展的重要手段和保障。

4. 政策制定具有现实可行性

现阶段，随着我国文化旅游产业发展方向、原则和趋势的日渐明确，制定产业整合政策的条件已经成熟，这也为我国进行文化旅游产业政策整合打下了坚实的基础，具有较强的可实施性。尽管各省市地区的政府部门针对本地旅游业的特点和需求制定了各项具体政策，国家也为此推出了很多相关的扶持政策，但是目前我国现有政策中仍需要促进文化与旅游两大产业融合发展完整的、全面的政策。

5. 政策制定具有现实必要性

文化旅游产业发展速度相对缓慢，不同地区之间相差悬殊。基础设施的制约因素仍然存在，文化旅游产业的整体效益难以更好地提升。国内知名品牌的产品少，市场竞争力有待加强。文化和旅游产业融合程度低，产业结构有待完善。目前，尚未有符合文化和旅游产业融合发展实际情况的政策出台，在技术、税收和融资等方面的优惠政策有待制定。除此之外，旅游文化产业对应的管理机构在行使职权时没有相应的法律为其提供强有力的支持，这一问题现已对我国旅游文化产业发展造成了严重制约。目前我国现有的法律政策较难满足现实需要，很多其他行业的管理规定与地方政府施行的法规制度难以区分，导致管理部门在管理行业主体时无据可依。

（二）文化旅游产业政策整合策略

1. 探索完备的旅游产业政策体系

为发展旅游文化产业，国家在满足市场发展需求的基础上，制定了一系列的政策制度并不断补充和完善，以此指明文化旅游产业的经济发展方向。这些政策包括：针对产业定位提出了相关政策，要求在国民经济中摆正旅游文化业的地位，以此为根本和源头发展其他具体政策；针对产业导向制定政策，为旅游与文化产业的发展提供确切方向，这也是其在发展过程中应遵循的原则；面向产业市场提出的政策，为其发展指明了市场导向，对市场导向观念做出了强调，明确了在产业政策方面市场经济的基本要求；产业布局政策对结构做出调整，使其增长方式发生改变，是从宏观层面调控产业布局政策的主要目的与作用。该政策涉及产品、产业、经济等多个领域的结构调整；产业投入政策问题。在旅游文化产业的发展方面，国家应深入贯彻积极有效利用外资的方针，同时鼓励社会各界加强对此方面的投入；产业组织提出的相关政策表示，国家要求在旅游文化产业的发展方面，应进一步加强对主体的发展培育，为其打造公平竞争、健康发展的环境，结合其经济特点制定并实施与之相匹配的产业组织政策；产业保障政策问题。有力的保障手段能在一定程度上促进旅游与文化产业政策的实施，在相关部门贯彻产业政策并严格实施过程中，应通过法规、法律等手段给予充分的支持。

2. 完善文化旅游产业政策的立法程序

文化旅游产业发展政策的制定需要各利益主体与部门明确相关情况，将自身意见表述清楚，并在利益博弈的基础上完成立法过程，这是一个必须遵循公开、民主、透明原则的过程。

首先，在制定产业政策的立法过程中，避免由单一部门主导和特定利益集团过度影响政策内容，这是至关重要的。为此，推荐实施跨部门协作的策略，通过不同部门的联合参与，形成一个协调多方利益的政策制定机制。这种方法不仅有利于平衡各方利益，还能促进一个更加公正和有效的利益表达框架的建立。

其次，在政策的制定过程中，考察其必要性与可行性是一个关键步骤。这要求对政策制定的目的、程序、方法、意义、途径、背景、计划以及具体内容进行全面的调研和分析。

再次，立法的成果应当在规定的时间内向公众公布，其间应允许公众公开地提出意见和建议，确保立法过程的透明度和公众参与度。

最后，为了保证立法过程的有效性和立法质量的不断提升，建立一套完善的跟踪评估机制尤为重要。这套机制应能够全面监督立法过程，及时发现并修正法规中的漏洞和不足，从而提升法律法规的实施效果，并不断完善立法活动本身。这样的持续监督和评估可以确保立法机构在法律实施过程中能够有效地响应社会变化，不断调整和优化法律法规，以适应社会发展的需要。

3. 形成文化旅游产业国际合作与竞争的政策支持环境

当前，中国的文化旅游产业在全球的影响力显著提升，已在国际舞台上实现了更深入的交流与合作。全球各国和地区的旅游活动频繁见证了中国的积极参与，中国与主要的客源国更是建立了更紧密的联系。在这一进程中，中国既分享了与其他国家在文化旅游领域发展上的成功案例，也借鉴了国际经验和资源，改善了自身的薄弱之处，促进本国旅游与文化产业快速发展。在国际市场中，我国不断提升本国文化旅游产业的综合实力和国际竞争力，进一步完善国内文化旅游产业市场，以保证自身文化旅游产业得到良性健康、可持续地发展。在开展国际交流合作时，我国应加强相关的政策支持，开展更稳定、高效的合作方式，通过政策、人才、资金等方面的扶持，为国际竞争中的旅游企业提供帮助。在文化旅游产业的政策制定上，应同时考虑形式和内容，反映上述发展方向。除此以外，文化旅游市场的逐步开放是一项需要审慎推进的工作，必须最大限度地降低因政策支持不足而引发的旅游和文化产业难以应对激烈市场竞争的风险。

第五章　我国部分地区的文旅融合实践与创新

本章为我国部分地区的文旅融合实践与创新，主要介绍了七个方面的内容，分别是华北地区的文旅融合实践与创新、华东地区的文旅融合实践与创新、华南地区的文旅融合实践与创新、西北地区的文旅融合实践与创新、中南地区的文旅融合实践与创新、西南地区的文旅融合实践与创新、东北地区的文旅融合实践与创新。

第一节　华北地区的文旅融合实践与创新

一、全国文化中心建设的文旅融合

（一）故宫博物院从阳春白雪转向喜闻乐见

故宫博物院是在紫禁城和宫廷收藏的基础上成立的，其成立于 1925 年，政治的、文化的、历史的种种文物都蕴含其中。

过去，故宫博物院一直保持传统博物馆的形象，展览虽有文化内涵，但并不为普通百姓所喜闻乐见，有一定的距离感。故宫里的文物被看作远离当今社会的物品，只是被观赏、研究的对象。故宫不仅仅是历史的承载者，更是活跃的文化传播者和教育的平台。文旅融合战略的核心在于平衡保护与开放，既要确保文化遗产的完整性和真实性，又要创新展示方式，吸引更广泛的群体来参与和体验。

现在，故宫博物院自身的品质和角色仍旧存在，但形式和内容却从阳春白雪转向喜闻乐见。展览虽具有一定的专业性，但尽可能地贴近人们的生活，从大部分受众可以理解的角度来设计展览。

（二）故宫博物院文旅融合定位与创新理念

1. 精准的市场定位

在客群定位上，故宫最初以 35～50 岁男性为主要目标群体，产品设计倾向于传统风格。随后，一些面向年轻人的产品大受欢迎，促使故宫调整战略，更多关注年轻用户。目前，故宫的产品主要面向 35 岁以下的女性群体。

故宫早期推出的产品主要是观赏性较强的瓷器和绘画，这些精致之作虽珍贵，但对消费者吸引力有限。如今，故宫文创产品的开发已转向更加注重文化内涵与日常生活的结合，力求实用性，扩展了产品的覆盖范围。现阶段，其产品涵盖了文物收藏、生活用品、服装饰品、创意出版、家居用品、文具等多个领域。这些文创产品不再仅是对古代藏品的简单复制，而是寻求与现代社会生活的紧密联系。

不同的客群有不同的消费能力，故宫针对不同的客群大致可以把产品分为萌系产品和雅系产品。萌系产品风格多以可爱为主，迎合年轻群体，定价显得亲民；雅系产品风格则多以典雅和别致为主，符合传统文化爱好者，定价相对偏高。

2. 寓意导入故宫文化特质理念

创意引申是指提炼故宫文化特质，引申到具有相同特质的生活用品中。寓意导入是指在故宫文化中，将蕴含美好祝福的话语或图案融入日常生活用品之中。而主题系列则是基于统一主题的故宫文化元素，创建一系列相关产品，开发多种不同种类的文创产品。“故宫猫”系列是其中的佼佼者。故宫猫灵感来自故宫的 20 多只“猫保安”，设计师根据故宫猫的历史渊源、文化寓意和背后故事，设计出“大内咪探”形象，并打造了书包、橡皮、手表、手机壳等系列产品。

（三）案例

1. 故宫夜游打开面向世界的另一扇窗口

2019 年春，为了拉动夜间经济，故宫首次在夜间开放。当时消息一出，引发热烈反响，大家对夜间的故宫充满好奇。故宫在此节点开放，无异于给了大家一个机会去探索故宫的神秘。当然，更多的人对故宫的好奇并不止于电视上播出的那些故事，作为国家的名片，故宫承载了几千年来中华民族的传统文化。

故宫夜游是北京夜间经济与文化旅游相融合的代表。北京是全国文化中心，作为首都，是面向全中国甚至全世界的一个窗口，这里有举世闻名的故宫、长城。自从中华人民共和国文化和旅游部成立后，全国各个地方都在探索文化与旅游融合的新模式。以故宫为例，开放夜间故宫是其文化旅游融合的一个象征。

2. 科技引领、地接网络语言的文创商品

600 多岁的故宫虽顶着皇家招牌，但不是固执守旧的老人，随着年龄的增长，它越活越年轻。文能及时洞悉网络语言，武能勇于尝试高新科技。

在故宫博物院的官网上，可以看到大量具有故宫特色的文化产品出售，小到铅笔橡皮，大到折扇书籍。从这些产品中，我们能够感受到故宫的文化，这是中华民族沉淀多年的历史文化。故宫博物院里的这些文创产品外观美丽，富有古典的特色。

故宫博物院单单文创商品一年的收入就超过 10 亿。文创商品让严肃的文化走进年轻人的时尚生活，也带来了十分丰厚的价值变现。

二、特色乡村创意演绎剧场的文旅融合

（一）司徒小镇原创项目

山西省的文旅融合实践主要在特色乡村。司徒村是其中的典型案例。村民原创的乡村创意演艺剧场已成系列，先后问世的有《千年铁魂》《又见老山西》等项目。它开创了农民原创、农民演出、农民经营、农民管理的发展模式，打造了国内首家自创、自编、自导、自管、自营的乡土人文创意项目，成了乡村旅游演艺项目投资收益“3 年破亿”的国内经典案例，投资开发了诸多商业休闲消费业态，经过市场的检验大获成功。

（二）司徒小镇文旅融合定位与创新理念

1. 瞄准“五个一”的定位

（1）编写一个好故事

在当地文化“九头十八匠”煤铁故事的传承，创新文化“5000 年老山西人文”的嫁接，时尚文化“情景剧沉浸式互动演出”的创造可实现司徒村从“乡村振兴”到“特色小镇”的发展，司徒小镇风生水起，成为备受欢迎的旅游消费目的地。

（2）谋划一个新产业

不论是“特色小镇”，还是“乡村振兴”，必须产业先行。产业的发展必须是“产业体系 + 业态群”，才能够成为一种经济模式，这才是当地政府谋划的关键点。

（3）搭建一个大平台

吸引更多的、更好的创业型公司和人才来到司徒村，才是“乡村振兴”与“特色小镇”可持续发展的基础。

（4）选择一个好环境

要想“生产、生活、生态”并重，良好的区位优势和生态环境必不可少。区位优势是“乡村振兴”与“特色小镇”选址的比较优势，生态环境是“乡村振兴”与“特色小镇”选址的成本优势。

（5）建好一条资本链

产业主导、产业先行、产业维系必须拿到当地政府的政策突破点、政策优势点、政策覆盖点，同时形成债股并行、渠道畅通的“投资—收益—退出”机制才是“乡村振兴”与“特色小镇”成功的关键路径。

2. 繁荣优秀文化与发展经济相结合的理念

山西文旅融合战略旨在将先进文化繁荣与现代经济发展紧密结合，促进三晋优秀文化与文化旅游产业的加速发展，实现文化与旅游的多维度、全链条深度融合。这一战略不仅推动了文化和旅游价值的共享，还增强了文化创新与旅游创新的协同效应，其目的是为文化和旅游发展提供新的动力和优势，强化五台山、云冈石窟、平遥古城等三大旅游品牌，提升黄河、长城、太行等三大板块，完善大运黄金旅游走廊，构建全省旅游发展新格局，加速将文化旅游业培养成山西的战略性支柱产业。

（三）案例

1. 改革破题，盘活集体资产

司徒村紧跟时代步伐，以经济建设为中心，以壮大集体经济为主线，带领全体村民闯出了一条工业发家、农业旺家、旅游成家的发展之路。其第一个地面企业就是编织袋厂。项目确定没有资金，大家积极筹集资金，很快就筹集了资金。“创和塑料制品厂”的诞生创造了巨大价值。司徒村坚持以经济发展为重心，集体总资产逾亿元，并且鼓励村民入股集体企业，享受集体经济发展红利。

2. 与时俱进，创新文化旅游巷

司徒村在村南的一片垃圾山和渣石山上修建司徒小镇，起初以现代农业园为主，以晋城市现代都市农业园立项，后来运用“农民土地，市民种”理念，开启了司徒小镇的第一个产品“开心农场”。土地由园区统一流转、统一经营，以旅游的“食住行游购娱”为导向，后成功开启了第三个产品“六尺巷”。六尺巷即司徒小镇明清文化街，深度还原了老山西的市井生活，从临街小商户发展到近两百家。

3. 整合资源，打造民俗实景剧

由于开心农场、老锅巷和六尺巷的开启，司徒小镇逐步有了人气，举办了“司徒小镇第一届民俗文化节”，文化节以“春到司徒”为主题，活动以打铁花为主。民间传统打铁花于2015年春节期间在司徒小镇的湖心小岛首次上演，从此司徒小镇一炮走红，成了晋城市人气最旺的景区。

如今，司徒小镇已连续成功举办了多届民俗文化节，游客接待量屡次刷新晋城市旅游行业纪录。独创的大型山水实景剧《千年铁魂》和《又见老山西》，频频亮相于央视和各省市电视台，以及新浪、网易、搜狐等各大主流媒体。

山西省基于民俗旅游建设进行文旅融合，基于当地特色乡村文化进行创新，开发乡村旅游演艺项目，发挥人文特色，共享资源，做强板块，激活运河廊道。构建新型产业，搭建创业平台，与时俱进打造出盘活集体资产后的文化旅游巷、民俗实景剧，运用新浪、网易等主流媒体进行传播。

三、草原文化歌舞诗画演艺的文旅融合

（一）运营有草原各市特色民俗文化内涵的演艺产品

近期，内蒙古自治区旅游演艺领域迅速发展，重点打造的演艺产品包括《千古马颂》《马可波罗》《无伴奏合唱》《呼伦贝尔大草原》《鄂尔多斯婚礼》《天骄·成吉思汗》《阿拉腾陶来》《契丹王朝》《库布其》《森吉德玛》《黄河水绕着准格尔流》《灵魂之旅》等。各盟市亦推出具有地方文化特色的演艺产品，如呼伦贝尔市的《天边》《额尔古纳之恋》《蒙古之源·根与脉》《敖鲁古雅》《彩虹之路》等；兴安盟的《梦幻阿尔山》；通辽市莱盛演艺集团的《敖包相会的地方》和《梦回科尔沁》。

由内蒙古民族艺术剧院推出的《千古马颂》作为文旅融合发展的先锋，受到广泛关注与好评。这一剧目主要展现马的表演，结合蒙古族歌舞、乐器、杂技等艺术形式，利用现代科技打造高水平舞台效果，呈现深邃内涵，带来视听享受。获得国家艺术基金支持的《千古马颂》，不仅是内蒙古文化产业的重点项目，更成为独特的文化旅游品牌，在全国旅游演艺市场中独树一帜，荣获艾蒂亚“中国最佳旅游演艺项目奖”。

（二）内蒙古文旅融合定位与创新理念

1. 多维文化叠加的定位

（1）多维草原地域文化融入旅游、演绎产品和商品

内蒙古自治区以多民族共居的特点，融合了蒙元文化、游牧文化、河套文化、林俗文化、红山文化和红色文化。伴随“旅游＋文化”战略的积极实施，文旅融合成为旅游业的新增长点。内蒙古首届旅游发展大会后，文化旅游迎来快速发展，旅游产品、景区演艺及旅游商品的设计与开发深度结合了历史民族文化和地方特色。

（2）深度打造内蒙古历史特色文化的体验民俗和演出

自 15 世纪中期起，守护成吉思汗灵魂与战功圣物的“八白宫”和“苏勒德”的蒙古族鄂尔多斯部定居于鄂尔多斯地区，形成了以蒙古族为主、汉族为多数的多民族居住区域，蒙古族文化成为鄂尔多斯地区历史民俗文化的关键部分。

2019 年，九城宫旅游区为让游客深入体验内蒙古文化，包括品尝内蒙古餐食、住宿蒙古包、骑乘蒙古马、观赏演出和篝火跳舞等，建立了占地逾 900 亩的伊克汗蒙古游牧部落，展现了蒙古族民俗和传统游牧生活。

2. 历史文化旅游文化展示与夏季避暑结合

位于中国草原避暑之都中心的黄花沟旅游区，以其广阔的花海草原和避暑特性年年吸引成千上万游客。文化是旅游的核心，内蒙古不断开发新的文化演艺产品，将蒙古族歌舞等传统文化更生动地展现给游客，让他们深入体验草原丰富的文化遗产。今年，旅游区对表演场所进行了升级改造，原本的场馆容量为百余人，演出规模较小。经过改造，现可容纳 2000 人同时观看演出，演员人数也从 20 人增加到 100 多人。

（三）案例：体验民族婚礼，揭秘草原文化

蒙古族的婚礼形式多样，特别是鄂尔多斯婚礼丰富多彩。鄂尔多斯婚礼包括哈达定亲、佩弓娶亲、拦门迎婿、献羊祝酒、求名问庚、卸羊脖子、分发出嫁、母亲祝福、抢帽子、圣火洗礼、跪拜公婆、掀开面纱、新娘敬茶、大小回门等众多特殊的仪式和活动。将传承了 700 多年的鄂尔多斯婚礼呈现在舞台上，使游客以轻松的方式深入了解了鄂尔多斯的歌舞、饮食、文化、礼仪和风俗。内蒙古自治区基于特色文化建设进行文旅融合，充分发展游牧特色文化旅游演艺，多种文化叠加旅游融合，深度体验地域特色文化，以历史文化提升旅游品质，挖掘当地非物质文化遗产的潜在旅游价值。

四、历史街区“万国博览”式的文旅融合

（一）天津市五大道历史文化街区开发

天津市和平区的五大道文化旅游区是天津文旅资源的聚集地，也是天津市文旅融合和夜经济发展的代表区域之一。在中国夜间经济论坛中，五大道被评为“游客最喜爱的十大历史文化、商业街区及网红步行街”。和平区委和区政府积极响应天津市委、市政府关于促进夜间经济发展的决策部署，投入资金支持启动项目，推动五大道旅游窗口单位的业态升级，带动消费增长。民园广场及其周边地区新增了众多特色餐饮店和文博文创主题店，举办了超过百场的公益文艺演出，吸引了几十万人次的观众观看。

（二）天津市历史街区文旅融合策略与创新思维

1. 以政策为导向构建知名城市

天津市在 2019 年 7 月发布了《天津市促进旅游业发展两年行动计划（2019—2020 年）》，该计划包括 20 项措施、20 条政策和 20 件实事。在 2020 年和 2021 年，天津市致力于推进旅游的全面发展，提升旅游服务质量，规范旅游治理，追求最大化旅游效益。天津市推出了包括名人故居游览、文化博览之旅等多条精品线路，旨在丰富旅游业态、提升旅游品质、稳定扩大市场份额，不断提升城市形象。

2 挖掘历史海港城市的文化根基

天津市拥有作为知名城市的文化基因和巨大发展潜力，是国家级历史文化名城及首批中国优秀旅游城市。作为北方最大的综合港口的天津港，以及作为全国六大邮轮旅游发展试验区之一的天津邮轮母港，为城市带来了独特的文化和旅游资源。天津市的九国租界区域展现了中西合璧、古今交融的城市风格，拥有 877 座历史建筑，被誉为“万国建筑博览会”。利顺德大饭店是一家历史悠久的中华老字号企业，位于海河畔。近年来，该饭店积极融合文旅，全方位讲述“利顺德文化故事”。饭店恢复了超过 20 间名人客房，传承了“奶油栗子粉”和“李鸿章烩菜”等经典菜式，推出了包含利顺德元素的文创产品，如“一品当朝”帽衫、英伦宫廷羽毛笔等。同时，组织了旗袍美拍、共享书吧和室内音乐会等活动，为客人提供了沉浸式的历史文化体验。这些举措吸引了大量年轻人的关注，使得饭店成为热门的打卡地点。

3. 创建与传播城市空间的魅力

天津市通过统筹资源、强调现代特色与历史文化，成功打造了引人注目、具有传播魅力的城市空间和场景，收获了良好的效果。天津市滨海新区图书馆以其卓越的设计感和传播力，成为全球知名图书馆。天津市发展新型文化地标，以“滨海之眼”为标志宣传图书馆形象，精心打造建筑空间品质，注入新理念和资源，将内涵建设从内容提升转向概念提升。创建新型文化场景，展示图书馆作为滋养民族精神、培养文化自信的重要场所。以“书山”为主题，构建沉浸式阅读环境，让读者的阅读行为转化为观赏、停留、体验、联想等多重形式。培养新型公共服务供应体系，依托滨海文化中心综合体，提供综合性、一体化、一站式服务。

（三）实践案例

天津市基于场景精神塑造进行文旅融合，打造一系列资源集聚区，如和平区五大道文化旅游区，在政策引领的基础下，深挖文化基因，营造热度空间场景，在清晰的文化定位和游客需求的带领下，提出“非遗 +”“文创 +”“中华老字号 +”的思路，挖掘中国元素和天津文化，深度推进文旅融合。

五、以文化养分滋养旅游的文旅融合

（一）找准文化和旅游工作的最大公约数

近年来，河北省遵循“宜融则融、能融尽融”的原则，准确把握文化与旅游工作的共同要素和最佳结合点，加速实现跨领域、多维度、全链条的深度融合。这种融合促成了资源共享、优势互补和协同发展，为文化建设和旅游发展注入了新的动力和活力，促进了新的发展优势的形成。

（二）正定区文旅融合创新策略

1. 通过文化促进旅游，借助旅游促进民富

旅游的发展深深根植于文化。正定区拥有超过1600年的建城历史，其深厚的文化底蕴为旅游业的发展提供了极富吸引力的资源。近年来，正定区注重古城的保护与恢复，实现了文物保护和城市品质提升的双赢局面。旅游业已成为增强区域经济、丰富民众生活的支柱产业，让这座千年古城展现出勃勃生机。正定区在发展旅游业的过程中，注重将文化资源与旅游资源相融合，在旅游产品中融入了丰富的文化元素。无论是古城、大院、山区，还是海滨和乡村，都通过文化的滋养全面提升了旅游景区的品质和吸引力。

2. 通过旅游展现文化，提供深层文化体验

弘扬旅游文化可以扩大文化产品和服务的供给渠道及传播范围，增加受众群体，提升文化旅游的软实力和影响力，有效传播中国特色社会主义文化。

结合非物质文化遗产与旅游，优秀的传统文化得到了更广泛的推广。例如，蔚县打树花、吴桥杂技、武强年画等非物质文化遗产通过文艺演出和文创产品的形式实现了文化的可视化、体验化和产业化发展。

地方文化、民族文化等通过节日活动的方式使游客在参与中深刻理解旅游目的地的文化内涵。文化古迹和文化遗产的修复与旅游业的结合，让古老的文化重新焕发生机。

3. 利用文创推动文旅及相关产业发展

原创设计融合传统文化元素与旅游商品，即使是小型的文创产品也能推动文化旅游产业的发展。河北省将创新和创意作为核心，推动文化、旅游与农业、工业、康养、体育、教育等领域的深度融合，引领邮轮游艇、低空飞行、自驾车和旅居车旅游等新兴业态的发展。河北省推出更多的工艺美术、演艺娱乐、节庆展览等项目，并开发动漫游戏、网络音乐、数字艺术等新型文化产品，进一步丰富了文化旅游产业的内容和形式。

（三）案例

河北省近年来各地从古城到大院、山区到草原、海滨到乡村，始终将文化视为旅游的核心，以旅游发展带动文化繁荣。这样的文旅融合推动了文化资源的市场拓展，创造了新的发展机遇，同时也为旅游业注入了新的内涵。其中，正定区便是一个典型例子。

正定区深厚的文化资源成为旅游发展的重要动力，展现了古城文化与旅游深度融合的路径。正定区依托“以节造势、以节兴旅”的策略，利用节庆等重要时点，结合历史文化，提升了“古城古韵、自在正定”品牌的知名度。正定区通过景点串联，开发了“古城＋新区”“美丽乡村＋古城＋滹沱河”等多条精品旅游线路，按照历史文化脉络将众多景点连成一体，实现了从单纯的门票经济到旅游产业链全面开发的转型升级。依托丰富的历史文化资源，正定区以打造中国文化旅游名城为目标，以旅游供给侧结构性改革为主线，围绕“登得上城楼，望得见古塔，记得住乡愁”的理念，深入挖掘资源，打造旅游产品，使旅游成为当地经济发展的支柱产业。

第二节 华东地区的文旅融合实践与创新

一、江南海派文化赋能旅游的“跨界融合”

（一）文化深度展现促进“旅游 +N”的“跨界融合”

1.“旅游 +N”的“跨界融合”

上海市商务委员会牵头的金秋购物旅游季打造了 8 条商旅文联动专线，整合了 644 处名品、名牌、名店、名街的产品。秋天是丰收时节，上海市农业委员会和上海市交通委员会推出了 18 条乡村精品旅游线路，全面呈现了上海郊区最美乡村。上海电影集团举办“卡路里马拉松 · 无忧游园会”，多家长三角的文旅商知名品牌带来的精美文创和互动活动吸引了广大市民游客的参与。第三届中国（上海）国际健康旅游交易会成为旅游景区、中医药行业、体育养生跨界融合的重要平台，推动健康旅游产业合作共赢、繁荣发展。浦发银行推出的幸福长三角主题借记卡可以惠购长三角文旅年票。

2. 文化内涵的“深度展现”

上海的都市旅游资源离不开红色文化、海派文化和江南文化的赋能，赋予旅游文化的灵魂，深度展现上海的文化内涵，为市民游客提供更好的文旅体验。今年旅游节期间全面升级“建筑可阅读”的内容，举办第二届文创集市，将上海的“建筑可阅读”逐渐发展为以资源特色为导向的文创产品，使市民和游客能够更立体和直观地理解城市的历史，体验城市的文化。

（二）上海文旅融合定位与创新理念

1. 多维融合，让文物“活”化、“建筑可阅读”

上海主要从产业融合、空间融合、服务融合、交流融合四方面推动落实文化和旅游融合发展。在产业融合方面，上海着力推进文旅资源开发开放，如融入旅游产品和线路中的博物馆、美术馆、剧场等文化设施，深化“建筑可阅读”项目，让文物“活”起来。迄今，上海六个中心城区逾千处建筑完成二维码设置，运用二维码扫读、建筑整体识别、位置服务、移动应用等技术，丰富了市民游客游览体验。

同时，上海不断推动文化旅游夜间消费。从2020年7月开始，上海首批14家博物馆每周五试点延长开放时间，已在夜间接待了6万多观众；上海市文化和旅游局发布了包含105家文化旅游场馆的夜游推荐名单，这种做法进一步丰富了游客的旅游体验，增加了城市文化的可感知度。此外，上海着力提升旅游的文化内涵。例如，上海推动黄浦江游览提质升级，加强水岸联动，推出“快线游”等新游线，发布覆盖全市16个区的79个“休闲好去处”，满足游客多元化需求。

2. 培育城市文化旅游新空间，提升乡村旅游品质

在空间融合方面，上海聚焦重点“市民休闲首选地”区域、城市文化旅游新空间的培育、乡村旅游品质的提升丰富市民游客可去、爱去的旅游休闲空间。在服务融合方面，上海以60个旅游公共服务中心、220个社区文化活动中心为主干，以文化场馆、旅游景区咨询服务点为补充，打造“城市文化旅游会客厅”，更好发挥传播文化推介旅游、展示上海的窗口作用；建好建强社区志愿服务者、讲解员（导游员）两支队伍等，让讲解员（导游员）成为“优秀文化传播者”。在交流融合方面，上海联合长三角省市推出“畅游长三角惠民一卡通”产品，发布长三角统一的文旅企业“红黑榜”标准，持续提升长三角文化旅游吸引力、竞争力。同时，上海已与10余个国家和地区同步开展文化传播和旅游推广，大力展示上海城市形象。

（三）案例

2021苏州吴中太湖文化旅游节暨洞庭山碧螺春茶文化节在上海大世界开幕。开幕式以丰富的形式和活动，多维度展现了吴中特有的生态环境、人文底蕴，以此推进文旅深度融合和多产业联动发展。吴中区位于苏州市，占有太湖三分之二的水域，周围环绕着184 km的太湖岸线，区域内有58座太湖峰峻。该区域以其山丘、密林、丰富的果树闻名，生态环境优越，素有“鱼米之乡”之称。苏州市吴中区拥有丰富的旅游资源，包括1个国家级太湖旅游度假区、1个5A级景区、5个4A级景区、2个国家森林公园、1个国家地质公园、2个国家湿地公园和9个国家级历史文化名镇村，开放景点60多处，是滨湖旅游休闲度假胜地。现有各级非物质文化遗产57项，各级非物质文化遗产代表性传承人145名，是苏作工艺门类最全、产业集聚度最高的地区之一。2021苏州吴中太湖文化旅游节暨洞庭山碧螺春茶文化节旨在借力“沪苏同城化”，立足吴中国家全域旅游示范区优

势，打造“人文吴中·苏式生活”IP，赋予苏州江南文化新的色彩和内涵，推动苏州江南文化与海派文化相互辉映，着力将人文吴中特色融入长三角一体化文旅高质量发展高地。

在城区规划与文旅融合相协调的背景下，上海各个城区分别形成了富有特色的红色文化、海派文化和江南文化场景和旅游集群，充分调动区域内的文化资源，深度传达着三大文化的不同面向。虹口北外滩海派文化传承创新区和徐家汇景区的“海派文化之源”，均以海派文化为区域发展的文化标记。松江区新城建设以松江深厚的文化底蕴为依托，传承区域优秀传统江南文化，挖掘民俗民风、历史名胜等资源，打造了一批以江南文化为标志的具备高辨识度的文化项目。青浦区同样借助五大新城建设，将“最江南”的文化符号嵌入到城市建设的理念中，重现江南古镇风貌。

二、浙江文旅 IP 工程引导的文旅融合

（一）解码“文化基因”推进“诗画浙江”建设

浙江省全面推进“文化浙江”“诗画浙江”建设。2020 年，浙江省文化和旅游厅启动了文化基因解码工程，旨在深入探索和阐释“文化是什么”的问题。项目聚焦于研究优秀传统文化、革命文化、社会主义先进文化，以文物、非物质文化遗产、古典文献、艺术作品等为基础，进行文化形态的深入挖掘和研究。项目解码文化基因，探究文化的关键价值点，为推动当地文化与旅游的深度融合、传承优秀文化提供了坚实基础。遵循“以文塑旅，以旅彰文”的原则，浙江省重点发展了浙东唐诗之路、钱塘江诗路、瓯江山水诗路、大运河文化带（文化公园）、生态海岸带十大海岛公园、十大名山公园、之江文化中心等项目，着力加强核心景区的规划、投资招商和建设，实现项目的储备、启动、施工和竣工。

2019 年，浙江省取得包括良渚申遗成功在内的一系列重大成就，全年获得 173 个国家级和省级奖项、项目、称号。文化产业增加值达 4600 亿元，增长率为 10%，预计旅游产业增加值增长 8%，旅游人次超过 7 亿。全省在建旅游项目 2634 个，总投资 1.7 万亿元，实际完成投资 1705 亿元。同时，“四条诗路”建设全面启动。①

① 吴洋．《浙江文旅工作报告》发布，一张图看懂 2019 浙江文旅工作成绩单 [EB/OL].（2020-1-20）[2023-11-10].http：//www.am810.net/6094640.html.

（二）浙江 IP 工程引导文旅融合定位与创新理念

1.IP 建设切入形成文旅融合 IP 大集群

浙江省聚焦于文旅融合 IP 的打造，作为推进文化与旅游产业高质量发展的关键策略，其目标是塑造浙江省为全国文化中心、顶级旅游目的地和文化旅游融合的典范区域。在文旅融合 IP 的构建上，浙江省在文旅产品的专利、商标和版权申请方面居于全国领先位置，省内文旅融合 IP 的原创衍生产品在生产和销售上同样领先全国。省内努力培养和发展一系列成熟、创新和示范性的文旅融合 IP，浙江省计划认证约 100 个省级文旅融合品牌 IP，包括 10 个重点 IP，来构建文旅融合的大型 IP 群。这些努力将使浙江省成为国内在文旅融合 IP 领域的领头羊、示范区和标杆。

2. 打造文旅 IP 研究与实践的全国先锋区

为深入理解文旅融合 IP 的现状，浙江省文化和旅游厅启动了 IP 资源全面调查，旨在全省范围内掌握详尽数据。未来，文旅行业的管理部门将重点实施以下策略：强调特定领域的发展，倡导创新尝试；建立综合评估体系，促进全方位发展；加强数字化应用，推进智能化管理；发挥行业协会的作用，保障健康发展；实行资源共享，加强市场推广。

此外，在浙江省文化和旅游厅指导下，成立了全国首个文旅 IP 研究中心。该中心依托于浙江省文化产业创新发展研究院和浙江工商大学旅游创新与治理研究院等智库资源，集结多学科优势，设立了文旅 IP 的前沿理论研究、国内外案例分析、实际应用研究三个方向，致力于理论研究和解决实际问题，提供浙江省建设文旅 IP 研究和实践高地的智力支持。该中心有望成为国内领先、国际有影响力的专业研究机构，在文旅 IP 领域的理论与实践探索中发挥着重要作用。

（三）案例

1. 在中韩国际登山体验大会上感受民国风情

“叙中韩情 · 结雪窦缘”2019 第六届溪口旅游“一带一路”中韩国际登山体验大会在宁波溪口雪窦山隆重举行。从韩国远道而来的登山爱好者、知名旅行商和重要媒体，还有从中国各地招募而来的媒体主播、登山爱好者、摄影爱好者、在校大学生、自驾游团队和各大媒体等两国各方人士共 500 多人携手参加了这次充满体验、记忆、友爱和活力的盛会。活动运用文化演绎与雪窦山水“对话”这一形式，在登山赛道沿途多节点布置了溪口民国风情展示、宁波非遗，“舞、茶、棋、琴、箫、食”文化节目表演和韩国民俗六方面演示，让现场的登山爱好者尤其是韩国友人们全方位感受到富有特质的溪口民国风情和浙东地域文化。

此项活动已连续成功举办了6年，是宁波地区特色的国际旅游节庆活动，为进一步深化中韩两国旅游、文化、体育交流，不断为中韩友好交流与合作注入新的动能。

2.“海丝古港微笑宁波”旅游品牌LOGO建设

宁波市文化广电旅游局于2019年文化旅游节期间正式发布全新的宁波旅游品牌，包括宁波旅游形象“海丝古港 微笑宁波”、宁波旅游宣传口号“顺着运河来看海”、宁波旅游LOGO“阿拉宁波欢迎您”和宁波旅游特色产品等。

宁波书藏古今，港通天下，是海上丝绸之路的东方始发港和“一带一路”重要节点城市，被誉为“记载古代丝绸之路的活化石”，同时又是世界文化遗产中国大运河南端唯一入海口。宁波市文化广电旅游局从这两大具有高度辨识度和影响力的IP入手，提炼出“海丝古港 微笑宁波”这一旅游形象。同时，“顺着运河来看海”的宣传口号恰好把“大运河”与“海丝”两个最具影响力的世界级文化遗产串联起来，使旅游形象更加具体化、品牌化。

为充分展现宁波旅游主题形象，宁波市文化广电旅游局还重点开发以“四海”为特色的系列产品，包括海丝文化、海湾风情、海天佛国和海鲜美味。宁波还举办“四百”系列宣传推广活动，实施“诗画浙江、甬菜百碗”三年行动计划，打造浙江首个美食品牌IP，整合了全市百个旅游景区、百家酒店民宿和百条精品线路。

第三节 华南地区的文旅融合实践与创新

一、文城相融、文经相促的文旅融合

（一）遇见岭南最美民宿，诗书升华旅途

游客在佛山市顺德区杏坛逢简水乡旅游区可体验岭南最佳民宿和文学之旅。梁公馆是一栋民国时期的三层老宅，设有“民国书舍”粤书吧，以20世纪初文学作品为核心，定期举办民国故事读书沙龙，营造独特的阅读环境。截至2021年1月，佛山市已建成6个特色粤书吧，开展丰富的文化活动，包括“亲子悦

读”“国学经典”“民国故事”等主题活动。自佛山市文化广电旅游体育局成立以来，佛山市深入推进文化体制改革和机制创新，探索文化与旅游融合的新途径。除了粤书吧，还通过“两中心融合”试点（旅游咨询中心和综合文化服务中心）、“旅图 · 晓读夜宿”品牌建设和文旅体市场执法一体化等多项措施持续拓展文旅融合的新领域。

（二）佛山文旅融合定位与创新理念

1. 建设更具品质的文化导向型城市

佛山市借助改革创新的驱动力，致力于打造一个以文化为导向的高品质城市。这一目标的实现有赖于文城相融、文经相促、因文善治、因文立名等路径，加速推动文化与城市、经济的融合发展。

2. 优化文旅服务体系

佛山市着眼于保护公众的文化权益，通过市、区、镇三级不断完善公共文化设施，实施“六馆三院”“五馆一院”“四馆一院”等设施布局。禅城区文化馆、南海智慧图书馆等地的公共文化设施项目已建成，为市民提供了便利的公共文体活动场所。

3. 激活文化遗产新生

佛山市作为陶艺、武术、粤剧、龙舟龙狮文化的发源地，拥有丰富的非物质文化遗产。通过进行非遗项目评选、设立专项保护资金、建立传承基地、专家库和传习所、升级展示馆、开展保护工作培训、为传承人建档等多项工作，佛山市推动非物质文化遗产保护和利用的工作迈上新台阶。

（三）实践案例

1. 沉浸体验佛山非物质文化遗产之美

佛山市成功举办了多项活动，如“佛山韵律秋醉岭南”广东（佛山）非物质文化遗产周暨佛山秋色巡游、广东主会场的“5 · 18 国际博物馆日”、文化及自然遗产日的佛山分会场活动、广东非遗购物节，以此推广文化遗产的保护和利用，营造了市民广泛参与的氛围。特别是南海区大沥镇的“物以载道——中国非遗数字展”，结合“科技＋非遗”的理念打造沉浸式实景展厅，生动展现中华传统文化。佛山市还打造了文化游径，被列为广东省历史文化游径的包括佛山功夫、佛山桑园围、佛山粤中抗战历史文化游径，以及首批粤港澳大湾区文化遗产游径的南风古灶游径和佛山老城武术文化游径。此外，举办了“让佛山传统文化链接世界——佛山非遗文化体验交流活动”，邀请多国领事馆官员及家属体验佛山非遗技艺，增进对佛山传统文化的了解，引发广州总领事界的关注和反响。

2. 在“双区驱动效应”和新发展理念的推动下进行“展翅”行动

在深圳先行示范区和粤港澳大湾区“双区驱动效应”及新发展理念的指引下，佛山市文化和旅游产业实施了“展翅”计划。2020 年 12 月 18 日举办的“展翅——佛山市初创文创企业扶持行动”致力于支持初创文创企业的壮大和加强，该计划成为投融资、交流合作、展示推广等多功能一体的平台，为文化产业的高质量发展提供了持续动力。

佛山市文化和旅游产业的显著特点是融合发展和集聚发展。近年来，在“双区驱动效应”和新发展理念的影响下，佛山市文化和旅游产业的示范性、引领性、竞争力显著增强，已形成以石湾中国陶谷、平州玉器街、张桂新媒体产业园为核心的九大文旅产业集聚区。佛山市已培育了众多特色小镇、市级文化产业示范基地、省级文化产业园区和国家级文化产业基地。同时，粤港澳大湾区电竞文创产业中心、顺德华侨城欢乐海岸 PLUS、三龙湾澳门城文化创意产业园、佛山岭南文旅小镇、宋城 · 佛山千古情景区等重点文旅项目相继建成。

二、民族、边关、长寿等文化资源化的文旅融合

（一）桂林靖江王府还原历史、文商并重、福泽居民

靖江王府作为全国重点文物保护单位，坐落于桂林市中心，现称为桂林王城。这座高墙深门、气势磅礴的建筑始建于明朝洪武五年（1372 年），城墙建于洪武二十六年（1393 年）。靖江王府拥有超过 630 年的历史，比北京故宫更为古老，是目前中国保存最完整、历史最悠久的明代藩王府。

（二）靖江王府文旅融合创新理念与案例

1. 让福寿文化活化

福寿文化已经有千年历史，祈福一直以来是我国传统的活动之一，承载着人们的美好向往，古人道：“五福：一曰寿，二曰富，三曰康宁，四曰攸好德，五曰考终命。”[①] 不同民族在每一个重要节日中都有贴福、送福、接福等很多与福寿相

① 孔子 . 尚书 [M]. 呼和浩特：内蒙古人民出版社，2008.

关的习俗。桂林靖江王府内的独秀峰上，镌刻着不同年代关于福寿主题的摩崖石刻，许多老百姓慕名前来祈福，所以独秀峰自古便有“福寿山”的美誉。其中，尤以刘伯温“风水福”、吕洞宾“长寿福”、明靖江王朱佐敬“万全福”、乾隆皇帝“天子福”、清代书法家郭司经“醉有福”深得当地百姓推崇，充分挖掘了靖江王府的文化，让古城活化。

2. 结合科技，阅尽王城知桂林

靖江王府博物馆将图文展示、实物陈列、雕塑绘画、场景复原和现代多媒体技术等多种表现方式相结合，把游客的感知度放在第一位，增加陈列的感染力和趣味性，将平淡的叙述和知识传递变成立体有趣的艺术呈现，在空间与时间的交错中让人们感知“桂林山水甲天下，阅尽王城知桂林”的真谛所在。

3. 体验“制拓之苦”，感受“得拓之乐”

非物质文化遗产体验馆——“王府拓坊”再现了庄简王朱佐敬时期的制拓环境，让游客置身于“制拓之难”的现场氛围，通过制拓过程体验“制拓之苦”，认识王府秘拓的文化价值和自制拓印的收藏价值，感受“得拓之乐”，弘扬和传播中华传统文化的精髓。

第四节　西北地区的文旅融合实践与创新

一、文化遗产活化的文旅融合

（一）全国领先的博物馆旅游和演艺

西安近些年在文化和旅游融合方面取得了一系列成绩。西安的大唐不夜城、城墙、永兴坊文化旅游景区在全国具有非常高的知名度和影响力，在互联网上也一直热度不减；西安博物馆景区在全国处于领先地位；旅游演艺方面，陕旅集团的《长恨歌》和华夏文旅的《梦驼铃》在全国都有很好的口碑。

（二）陕西文旅融合定位与创新理念

1. 科技与文化旅游结合，整优提弱

在实景演出、剧场演出两大模式的基础之上，强调整合优势资源和提升薄弱资源，实现科技与文化、科技与旅游的融合。

2. 发展文旅小镇

以袁家村为典型的民俗文化与旅游融合项目成功地将传统民俗小吃技艺融入休闲生活和现代文化创意中，打造出年接待游客量过百万，年收入过亿的文旅特色小镇。通过整合文化元素进入旅游发展，小镇依托自身资源和产业特色或发展规划来确定其主导产业，并将这些产业与文旅产业结合，增强小镇的影响力。这一策略形成了保障小镇持续发展的长效运营模式。

3. 节庆模式

以凤县的庆典旅游模式为例，此模式通过融合文化与庆典活动创造出具有强烈品牌效应的大型节庆活动。这种做法不仅提升了旅游节庆品牌的知名度，也增强了品牌的整体形象和影响力。

4. 夜游模式

借鉴大唐不夜城的夜游模式，此策略利用文化推动旅游和商业发展，结合商业、休闲、娱乐及体验等多元元素构建了多功能的文化旅游步行街。这种模式不仅满足了游客对文化和消费的多样化需求，也实现了文化、旅游和商业的互动性和融合性发展。

（三）案例

西安市宣布全力支持文化旅游企业，推出“加速文化旅游产业发展计划”，提供了 22 项支持政策，强调项目引领和以产业聚集为核心。根据该计划，西安市计划投资 137 亿元，加快 23 个文化旅游在建项目的建设。通过文创产业，西安市致力于促进就业、创新和消费，建设文化产业示范园区（基地）以促进文化企业的集聚和发展。

西安市围绕“千年古都·常来长安”这一全新的城市文旅品牌，计划推出“乐长安”“享长安”“共长安”三大主题活动。同时，将推出“千年古都·常来长安”文旅游记、旅游宣传片、主题歌曲，以及主题列车、主题客舱和“城市旅游电子通票”等多种策划活动，西安市还推出了“共长安·万家灯火送吉祥”主题活动。此外，西安市计划重点发展创意设计、传媒影视、动漫游戏、电子竞技等领域，打造成长性强、创造力高、附加值大的现代文创产业。

二、生态底色、绿色优先的文旅融合

（一）尊重自然、顺应自然、保护自然

1. 世界上独有的生态、文化和旅游资源

青海坐拥世界上独有的生态、文化和旅游资源，呈现多民族聚居，多元文化荟萃的特点，被誉为“中华水塔”和“三江之源”，有千山堆绣、百川织锦的山宗水源。青海独特的地理和气候条件孕育了宏伟广阔的自然景观，多样化的高原生态环境带来了生机勃勃的自然美，而深厚的历史文化积淀则展现了璀璨多彩的人文魅力。

三江源头绿意盎然，青海湖畔鸟欢鱼跃，祁连山上林海莽莽，湟水河畔清水荡漾，青海有着远古文明的昆仑神话、黄河发端的河湟文化、世界非物质文化遗产热贡艺术，“一带一路”和长江经济带连接交汇，各民族休戚与共，多元文化交相辉映，构成了独具魅力的大美之地。青海集地理极地、生态高地、安全要地、文化名地、旅游净地于一体。如此之重的资源优势是青海文化旅游发展最宝贵的财富。为进一步发展旅游业，青海省出台了《青海省进一步激发文化和旅游消费潜力的实施方案》，举办“黄河 · 河湟文化”惠民消费季活动，启动文化消费试点城市建设、文化惠民卡西宁试点项目，发放了 5 万张惠民卡。

2. 多元相统筹，大美青海 · 旅游净地

对口援青、西北协作区沿丝绸之路、青藏铁路沿线，以及用长江、黄河、澜沧江流域文化旅游合作机制，以文化交流为纽带，传播推介与尊重多元相统筹，实现文旅大融合、发展大联动、成果大共享。

青海具有高原净土的独特优势。青海是率先重启跨省团队游的省份，向世人展现了当之无愧的“净地”形象，及时亮出“大美青海 · 旅游净地”名片，以央视宣传为引子，有效把握旅游形象推广最佳启动时机，及时开启全媒体强力宣传的青海旅游模式，充分借力央视央广及中央驻青、省垣体、户外广告、楼宇等宣传资源，形成矩阵式传播，百余家省内外媒体刊发青海文旅信息近两万余篇（条）。“大美青海 · 旅游净地”旅游广告还登上了美国纽约时代广场，由此，青海已经成了大众心中最向往的文化旅游目的地之一。

3. 夜游青海，文旅演艺和文旅集市有效结合

青海开展了青海文旅人“游”青海、青海人游青海、博物馆日、中国旅游日、文化和自然遗产日、“非遗购物节”“黄河 · 河湟文化”惠民消费季、中国景区创

新发展论坛、全省文旅企业家建言献策座谈会、诚邀全国人民游青海等活动，针对“夜间经济”系列消费兴起，青海将文旅演艺和文旅集市有效结合，为广大群众及省内外游客提供多元消费选择。

（二）青海文旅融合定位与理念

1. 藏羚羊、天空之境创意，文旅产业聚集发展

文创产品以丝绸之路元素或现代创意元素藏羚羊、天空之境为主题。青海大力推进西宁多元文化产业发展，推动海东河湟文化、海西昆仑文化、黄南热贡文化产业等集聚区、海南海北环青海湖生态文化旅游先行区、玉树果洛三江源生态文化体验区建设。文化与旅游的深度融合使得相关企业及其展品在市场上的份额不断增加。手工艺品、地方特色产品、景区推广等多元元素共同描绘了青海文化和旅游产业融合的发展局面。龙羊峡生态旅游度假景区被誉为“中国的科罗拉多”，在首次全面推广其旅游线路和项目中现场售票来吸引游客目光，充分展示了青海文旅融合的新特点和发展趋势。

2. 强化设施，挖掘文体项目活化遗产

为激活文化遗产，要将公共文化设施向旅游领域开放，如文化馆、图书馆、博物馆等，举办全民阅读等活动。这些设施不仅展示和销售文旅创意产品，还推广旅游景点和路线，举办文化演出，实现文化服务与旅游发展的协同。

同时，要加速体育与旅游的结合，挖掘民族传统体育项目，如射箭、赛马、摔跤等，发掘冰雪运动的潜力，将“白雪”转化为经济收益。“白雪换白银”战略下，青海推动体育场馆和设施对公众免费或低成本开放，促进全民健身，增强公众对体育活动的参与度，同时提升了旅游体验的多样性和趣味性。

青海成功举办“民族团结进步”青绣大赛、青海传统工艺（青绣）与乡村振兴论坛，新增108名省级非遗传承人，将非遗传承发展工程方案作为典型在全国推广。

3. 全域生态文化旅游区

要积极推动具有青海特点的全域旅游示范区创建，串联打造国家级生态旅游线路和风景道，联合打造国家青藏高原生态旅游目的地。大力发展“互联网＋旅游”新业态，打造一批智慧景区和智慧旅游小镇，建设以河湟文化、热贡文化、昆仑文化、三江源生态文化等为代表的文化产业示范区。

（三）案例

1. 文化遗产保护传承，文物展示

加强文物保护利用和文化遗产保护传承，实施文物展示利用惠民工程。发挥文物服务社会功能，加快省级以上文物保护单位合理利用建设步伐，依托喇家国家考古遗址公园、西海郡故城遗址等文物保护单位中独具特色的文化生态资源，实施文物展示利用工程，积极发展文化观光、休闲体验、红色旅游等多种形式的文化旅游活动，打造青绣、剪纸、农民画、雕塑雕刻、藏饰等传统特色文化品牌。

2. 民俗风情实景歌舞演艺

青海互助纳顿庄园推动文旅融合，提升旅游品牌，促进旅游经济加快发展。利用特色丰富的彝族文化和地理优势，卓越公司紧跟消费者需求的变化，通过实地考察、音乐表演等多样化的方式，大力推广“卓越节”“彝族歌曲”“彝族婚庆”“彝族丰收季”“彝族舞蹈”“彝族刺绣”和“彝族服装”等。在长期的探索和实践中，该公司已从一个家庭农场发展成为一个民俗文化旅游的综合体。

第五节　中南地区的文旅融合实践与创新

一、实景秀式的文旅融合

（一）馆展＋山水舞台实景秀湖湘文化

1.“红色旅游文化＋民俗演艺”文化旅游发展态势好

（1）文化旅游资源丰富

湖南是一个拥有丰富的文化和旅游资源的地方，其自然景色壮丽，历史悠久，是人们心中的革命圣地，民族风情丰富多彩。特别是其地理位置独特，高铁、高速公路和航空等交通运输体系的日益完善，为文化和旅游的深度融合发展提供了得天独厚的优势。在政府的积极推动和社区的广泛参与下，湖南的文化和旅游业呈现出持续向好的发展趋势。

（2）推进创新变革，聚力文旅融合

湖南省大力探索旅游和文化融合的新途径。改革开放以来，湖南省建设的一批作品在海内外广受赞誉，推出的旅游文化精品有韶山实行的“红色旅游＋文化”

战略，全面打造的全国红色旅游国际合作示范区、全国红色旅游融合发展创建区，已成为国内独具特色的红色旅游之地。凤凰县通过积极发展旅游文化，在腾讯全球合作伙伴大会上获“最受欢迎全域旅游目的地”荣誉，《小城凤凰》进入国家义务教育语文教材；在长沙琴岛演艺中心，多姿多彩的湖湘文化演出风格深受广大人民群众的喜爱，被全国娱乐旅游界誉为“琴岛奇迹”；由湖南省演艺集团与常德市经山水投资有限公司联合打造的大型灯光风情实景秀《梦回穿紫河》开创了湖南旅游文化移动舞台实景秀的先河；宋城演艺以西周王朝辉煌的历史文化为背景，精心打造了大型歌舞《炭河千古情》。

2．文化旅游发展的主要问题

（1）文化旅游资源保护力度需要加强

文化资源，尤其是优质文化资源，是文化旅游发展的基础。湖南省拥有诸多文化资源，如饮食文化、民俗文化、织造文化等，但是这些文化目前处于比较艰难的状态，一些表演文化、口头文化，甚至农耕文化随着工业化不断压缩，处于风雨飘零的状态中。

（2）文化与旅游协同发展不够

从目前湖南省地方文化与旅游融合开发的立法情况来看，文化与旅游的整体规划有待加强，如有些地方过度重视文化遗产的保护，对于当地居民进行了很多的限制，造成了当地居民的生活不便，结果可能会适得其反。另外，有些经营者只关注文化旅游短期经济效益，对于文化遗产造成了破坏。一些景区的人文形象内容表达大同小异，没有特色，缺乏影响力和竞争力。

（3）文化旅游品牌建设有待加强

文化旅游的重要特征就在于以文化品牌带动旅游产业。因此，文化旅游品牌建设是文化旅游融合能够持续发展的重要动力。当前，湖南省的一些旅游品牌存在空壳化，在公共文化服务体系建设方面，一些地方存在“有品牌、无企业、无产品、无服务”的区域文化品牌空洞化现象，导致部分文化旅游品牌逐渐衰落，甚至空壳化。不少旅游企业忽视服务质量建设与文化内涵建设，忽视文化旅游品牌的市场价值，有些企业甚至把自身利益与游客利益对立起来，把旅游行业当作一次性服务行业。

（4）文化旅游理念滞后

湖南省旅游市场的规范程度不高、旅游景区和活动管理无序、旅游资源频遭损毁等问题较多，尤其是“零负团费”“凤凰古城收费”等社会焦点问题，急需以法律的形式进行更好的规范。另外，《长沙市历史文化名城保护条例》《湘西土家族苗族自治州老司城遗址保护条例》等需要逐步修改完善，将文化旅游融合发展作为立法考量因素。

（二）湖南省文旅融合定位与创新理念

确保高质量发展始终是旅游业提升效益的核心。将旅游规划与国土空间、生态环境保护、综合交通及文物保护等多领域规划相协调，可以更加清晰地定位本省在国内外旅游市场中的地位。明确发展方向，避免无序开发、粗放经营及雷同竞争是关键。

强调系统观念，重视全域旅游的重要性，要将整个省份视作一大景区和花园进行规划。举办旅游发展大会可实现在一个地方的活动带动全省范围内的互动，推动旅游业与工业、农业、科技、教育、体育和康养等多个领域的深度融合。这样不仅能扩展产业链，提高附加值，还能实现旅游业的普及和多元化。要优先考虑生态保护，重视绿色发展，在发展和保护之间找到平衡点，为旅游业的生态影响做好充分准备。深化降碳、节能、环保等理念，将独特的自然资源、生物多样性和气候优势转化为支撑旅游、休闲和度假活动的宝贵资产。

文化是塑造旅游的关键。要深入挖掘历史文化资源，对分布在全省各地的历史文化遗产、革命文物遗址、著名城镇和古村落进行细致的规划和保护，利用这些资源创造更多具有地方特色的文旅融合新产品和服务。

在全面性上，要坚持全地域统筹规划、全链条资源整合、全社会参与和全成员共享受益的原则。在业态上强调融合，宜融则融、能融尽融，推动旅游与湖湘文化的深度结合，实现与其他产业的跨界融合和与信息技术的全面融合。在品牌建设上，突出特色，彰显湘风楚韵，开发精品路线、文旅产品、优质民宿、节庆赛事及知名打卡地。在项目开发上，追求高起点规划和高水平建设，完善基础设施，吸引经营主体，发展新兴业态，打造平台载体，用高质量的旅游项目吸引各地游客。在供给方面，要提升产品质量，优化供给结构，弥补服务短板，开拓客源，更好地满足公众对高品质旅游的需求。

（三）案例

1. 永州市文化与旅游融合的案例

（1）勾蓝瑶寨“洗泥节”

每年农历五月十三日，永州市江永县兰溪瑶族乡的勾蓝瑶村热闹非凡，庆祝其独特的“洗泥节”。全国的摄影爱好者和游客们蜂拥而至，与当地瑶族居民共襄盛举。他们在村落的表演厅共享传统的“洗泥宴”，品尝地道的瑶家油茶和苦瓜酿。观众们还有机会欣赏到原汁原味的民俗表演。节日的高潮是在蒲鲤井进行的“洗泥摸鱼”活动，增添了不少乐趣。

（2）零陵古城

2020 年 3 月 28 日上午，零陵古城迎来了一场文化盛事。文化戏台上演的精彩文艺表演吸引了众多游客驻足观看。在这期间，除了零陵古城的开街仪式，还有多样的民俗巡游、街头杂耍、非遗体验活动、戏台表演，以及特色民俗体验和端午节特色活动等。丰富多彩的端午节文旅活动“咏潇湘 · 游零陵”系列更是为古城增添了无限生机和活力，使其成为热闹非凡的焦点。

2．长沙市文化与旅游融合的案例

在产业融合上，最典型的有长沙方特东方神话、天心文化产业园、新华联铜官窑国际文化旅游度假区、华谊兄弟电影小镇等，第五届湖湘动漫节在华谊兄弟（长沙）电影小镇举行。大型动漫文化展会与旅游景区的首次结合，碰撞出新火花。6 天内，华谊兄弟（长沙）电影小镇入园人数较此前增长了近两成。长沙滨江文化园是湖南十大文化地标中的现代公共文化生活场馆，同时也是高品质文旅特色旅游景区。长沙滨江文化园以文旅融合带动了长沙市旅游的发展。雨花非遗馆首创了中国“非遗 +”的活态传承发展模式入选了全国非遗与旅游融合十大优秀案例。雨花非遗馆汇集了中国书法、剪纸、皮影戏、湘绣、蓝染技艺等众多非遗项目，将非遗和其衍生品与现代生活、市场接轨，打造了非遗主题创意馆，在馆内设置参观展示区、体验学习区、节目表演区等，让游客进行体验式旅游，以非遗项目的聚集优势带动文旅市场，延伸文旅产业链，使其成为市民、游客“家门口的诗和远方”。

田汉艺术小镇（果园镇）位于长沙县，是著名戏剧家、国歌《义勇军进行曲》词作者田汉先生的故乡。果园镇始终把田汉文化作为特色小镇建设的核心与灵魂，建设了田汉文化园，举办了田汉文化系列活动，成立了特色文旅小镇创建工作领导小组和文旅产业联盟等组织，该镇始终围绕“田汉”IP 来布局建设，果园镇的田汉文化产业园表演了大型历史舞台剧《田汉眼中的中国》，希望中国人民能铭记历史，缅怀先烈，不忘初心，致敬田汉先生，同时也能够宣传田汉文化，让文化带动果园镇的旅游发展。长沙县联合田汉文化园推出的《田汉眼中的中国》作品，展示了在深化“不忘初心、牢记使命”主题教育的同时，如何将红色旅游资源与文化旅游创新融合的典范。这一项目标志着探索文旅新运营模式的重要步骤，体现了对传统红色旅游资源的现代化转化和创新发展。

3. 隆回县文化与旅游融合的案例

湖南省内雪峰山东北侧，溆浦与隆回两县的交界处，海拔约 1300 米的崇山峻岭中，生活着一个历史悠久的部落——花瑶。这个部落以其民族服饰的独特性和鲜艳的色彩而闻名，特别是花瑶女性挑花技艺异常精湛，故称“花瑶”。2010 年 1 月 26 日，虎形山一带的花瑶风景名胜区被正式认定为国家重点风景名胜区。

（1）高标准包装

在文化旅游一体化发展的背景下，隆回县政府投入 1.5 亿元人民币，对花瑶民俗风情旅游项目进行全面提升和改造。如今，这里已经成为一个自然美景与花瑶文化相融合的旅游胜地。虎形山十里大峡谷、大托摩天石瀑布、旺溪瀑布群、全国最大的金银花生产基地等自然奇观令人叹为观止。而“中国花瑶第一村”崇木凼村、万贯冲的万亩梯田等人文景观更是历史文化的精华。

（2）不断加大花瑶宣传力度

隆回县政府加大了对花瑶文化的宣传力度，重新编排了“打蹈”“拦门酒”“挑花裙”等一系列体现花瑶特色的民歌舞蹈，并在北京、深圳、长沙等地进行展演，出版了《神秘的花瑶》《瑶都神韵》等旅游宣传册，并邀请了包括中央电视台在内的百余家媒体进行集体采风，制作了 20 秒旅游宣传专题片《花瑶风情》，向世界展示了花瑶的独特魅力。2020 年末，虎形山——花瑶风景名胜区被纳入国家计划新建的 100 个标准旅游区之一。被誉为“中国金银花之乡”和“挑花艺术之乡”的隆回瑶乡已成为省级风景名胜区，并成功入选新潇湘八景。花瑶古寨崇木凼村被评为“全国魅力乡村”，花瑶挑花和呜哇山歌被列入国家级非物质文化遗产名录，花瑶民俗风情游成为湖南省的黄金旅游线路之一。如今，花瑶已成为隆回县走向世界的亮丽名片。

二、“文物核心 + 资源挖掘”的文旅融合

（一）“文物核心 + 资源挖掘”的休闲体验产品

在资源融合和开发方面，文化产业与旅游产业的结合使得文化资源得到深度挖掘，提升了其市场价值。同时，这种融合也为旅游资源注入了更深层次的文化内涵，增强了其文化特性，为资源的利用和开发提供了更广阔的空间。河南省的旅游资源丰富独特，近 4 万个资源点覆盖了 8 个主类、30 个亚类、148 个基础类型。

这些旅游资源中，许多具有独一无二的特性，尤其是文化与旅游结合发展的人文资源，几乎包含了中国所有类型的旅游文化资源。河南省的古都文化资源尤为显著，河南省作为中原腹地地区，长期是国家政治、经济和文化的中心。从夏朝到金朝，有20多个朝代和200多位帝王在此建都。河南省拥有中国八大古都中的一半，包括九朝古都洛阳、七朝古都开封、殷商都城安阳及成汤亳都郑州。在开发旅游资源的过程中，河南省充分利用了这些古都资源，将郑、汴、洛三大古都打造成中原文化之旅的核心，使得这些古老的都城转变为现代化的旅游城市，使文化得以传承，旅游得以推广。

河南省文化旅游的发展始于20世纪80年代末至90年代初。进入2000年后，该省借助于丰富的文化旅游资源，以郑、汴、洛为中心，结合世界文化遗产、古都、历史文化名城和全国重点文化保护单位，致力于打造中原精品文化旅游路线。此“三点一线”旅游产品曾一度成为河南省旅游的代表。随后，全省各地积极整合文物、教育、旅游等不同领域的相关文化资源，打造了众多文化景点，如龙门石窟、开封山陕甘会馆、登封嵩阳书院、叶县县衙、新郑郑韩故城、郑王陵、三门峡虢国博物馆、洛阳东周车马坑、南阳府衙、内乡县衙等景点都以丰富的文化内涵和高品位而知名，成为河南省文化旅游业的重要组成部分。其中，洛阳龙门石窟和嵩山少林寺等龙头景区在国际上享有盛名。开封清明上河园、新郑黄帝故里等景区也以其独特的历史文化背景和特色而闻名。《风中少林》《禅宗少林·音乐大典》《大宋·东京梦华》等大型演艺项目提升了河南省旅游的文化层次，成为河南省文化旅游的新亮点。

（二）河南文旅融合定位与理念

河南省基于深挖历史资源进行文旅融合。河南省人文资源突出，涵盖范围极广，目前的文旅融合产品社会效益好、反响大，产品内容丰富且发展目标清晰。其主要定位与理念如下：政府主导，政策扶持；产业全业态化，发展态势迅猛；产品品牌化、主题化；景区智慧化、数字化；以文化故事、历史遗产赋能旅游。

（三）案例

周口市淮阳区以其深厚的历史文化底蕴和独特的旅游资源著称，这里不仅蕴含着众多传统文化元素，如伏羲文化、农耕文化、姓氏文化、儒家文化及丰富的手工艺，还拥有如诗如画的龙湖国家湿地公园，被誉为“万亩水域生态名片”。周口市淮阳区深入发掘伏羲文化、龙文化、荷文化和非遗文化，致力于增强景区景点的文化内涵。以“数字淮阳”的概念为例，包括太昊陵、龙湖湿地公园科普馆系列和约20条主题旅游线路，这些都是文化与自然景观的结合。同时，淮阳还重视挖掘和传承民间故事，如“包公下陈州”“紫荆复生”等，发展民间旅游品牌。

红色旅游线路，如李之龙革命活动旧址、抗日英烈纪念馆、薛朴若纪念馆等，集教育和展示于一体，为淮阳的经济发展注入活力。此外，通过强化非物质文化遗产的保护与传承，周口市淮阳区在乡村活化了传统文化，如白楼镇的打花棍、新站镇的高跷等，让乡村文化更加生动。非遗产品“泥泥狗”“芦苇画”等通过创意设计和包装，转化为文化旅游商品，提升了淮阳品牌的价值。淮阳利用其独特的中原文化底色和秀美的绿地水系，推动文旅融合发展，使城乡居民共享发展红利。淮阳的美丽风光和丰富文化也受到了中央电视台等媒体的关注，如《中国影像方志》《记住乡愁》第六季等节目中的多次亮相，使淮阳成为一个魅力城市，吸引众多游客前来观光。

第六节　西南地区的文旅融合实践与创新

一、基于数字技术的文旅融合

（一）七彩云南旅游天堂

1. 云南省七彩文化与自然生态

云南省的多民族文化和多元性山川风景一直是宣传的重点，现在是，未来也一定是。云南省的文化具有多元化特点，主要表现在以下几个方面。

（1）自然文化

如石林、九乡溶洞、土林、普者黑山水、西双版纳热带雨林、苍山洱海、玉龙雪山、梅里雪山等。

（2）古镇文化

如大理古城、丽江古城、独克宗古城、建水古城、巍山古城、会泽古城、沙溪古镇、和顺古镇、光禄古镇、团山古村等。

（3）民族文化

云南省有25个少数民族（其中白族、哈尼族、傣族、傈僳族、佤族、拉祜族、纳西族、景颇族、布朗族、普米族、阿昌族、基诺族、怒族、德昂族、独龙族这15个民族为云南所独有），这些民族的语言文字文化、服饰文化、建筑文化、歌舞文化、酒文化、婚俗文化等文化形态，通过景区、节庆活动等载体不断显现。

（4）历史文化

有古滇文化、南诏文化、大理国文化等，有些历史文化已得到充分地展现，有些还有待挖掘。

（5）非物质文化遗产

云南省的非物质文化遗产众多，有民间文学、民间音乐、民间舞蹈、传统戏剧、曲艺、民间美术、传统手工艺、民俗等，部分门类已融入旅游的环节中。

（6）名人文化

云南省历来人杰地灵，名人众多，如庄蹻、郑和、段正淳、袁嘉谷、唐继尧、龙云、廖新学、周保中、熊庆来、艾思奇、周善甫、关肃霜、聂耳等。

（7）气候文化

云南省多数地区四季如春，在寒冷的冬季可以看到鲜花不败，在夏季仍享受着春天的凉意，甚至在藏区可以看到皑皑白雪。这种立体性景观全国罕见，在世界也不多见。

2. 以国际化、高端化、特色化、智慧化为方向

云南省文旅行业以习近平新时代中国特色社会主义思想为指导，贯彻落实习近平总书记考察云南重要讲话和重要指示精神，聚焦全面建成小康社会总目标和对云南“三个定位”的要求，立足于满足人民群众日益增长的美好生活需要，按照省委省政府建设最美云南、打造“三张牌”等决策部署。云南省在文化和旅游领域的发展遵循了国际化、高端化、特色化、智慧化的发展路径。这一策略显著加速了文化建设的步伐，促进了旅游产业的转型与升级。在改革和创新的浪潮中，云南省文化和旅游工作取得了显著成效。遵循“全省一景区”理念，云南省积极推动文旅融合，发展全域旅游，持续推进旅游业的三大革命：整治乱象、智慧旅游、提升品质。

2020年，云南省的文化事业蓬勃发展，在艺术创作、公共文化服务、文物博物馆运营、非物质文化遗产保护等领域取得了显著成就。其旅游目的地品牌建设取得新突破，旅游市场秩序明显改善，“30天无理由退货”政策成为云南省诚信旅游的新里程碑。“一部手机游云南”功能日益完善，成为智慧旅游的新典范。大滇西旅游环线和半山酒店的建设稳步推进，构建了全新的旅游文化产品业态体

系。“七彩云南旅游天堂”品牌深入人心，为云南省的文化旅游事业增添了新的光彩。

3. 着力打造文旅融合重点示范项目

云南省积极推进文化与旅游的深度融合，已经推出了80条独具特色的非物质文化遗产体验路线和10条乡村旅游精品路线。此外，云南省建立了37个省级文化创意园区和28个文化产业示范基地。特别值得一提的是，建水紫陶文化产业园有幸成为全国首批10个国家级文化产业示范园区之一。云南省还成功打造了“云南映象”等41个旅游演艺精品节目，举办了46项国际文旅活动和超过100项体育旅游赛事。在资源规划方面，云南省注重“非遗、文物、博物馆＋旅游”的整合，重点发展红色旅游示范项目、6大遗址公园、8种博物馆集群和6个博物馆群落，以此来丰富旅游产品供给。

（二）云南省文旅融合定位与理念

数字技术在云南省文旅融合中扮演着重要角色。以数字技术为核心，以文化数字化为突破口，云南省与腾讯公司合作推出了“一部手机游云南”智慧旅游平台。这一平台依托数字技术创新旅游服务、管理、营销和体验，促进了互联网、云计算、大数据、人工智能与文化旅游实体经济的深度融合。其主要定位与理念如下：政府主导，民间资本参与；产业全业态化；产品品牌化、主题化；景区智慧化、数字化；以民族文化、历史遗产赋能旅游；乡村旅游与扶贫融合。

（三）案例

1. “数字云南”，智慧文旅IP出圈

滇池是云南省面积最大的高原淡水湖，也是国家级重点风景名胜区。每年冬季，从西伯利亚飞来昆明越冬栖息的红嘴鸥在滇池边时而飞舞盘旋，时而啄食戏水，吸引了大量国内外游客前往观看。随着人流的聚集和移动互联网数据流量的激增，对网络覆盖和容量提出了更高的要求，中国移动云南公司昆明分公司（以下简称“昆明移动”）联合华为攻克5G技术新高地，在滇池边搭建了一张千兆体验的高质量网络，满足了全国有名的智慧文旅IP对高速网络的迫切需求。海埂大坝区域已建设13个2.6G宏站，5个2.6G微站，3个4.9G宏站，5个700M宏站。昆明移动通过700M、2.6G、4.9G多频段组网和宏站微站的多形态协同作用，实现了滇池大坝近3km区域内5G覆盖率的全面达标，下行速率平均达到800Mbps，上行平均速率达到120Mbps。精心打造的这张千兆5G精品网在全国景区景点中拔得头筹，也很好地满足了游客直播、视频通话等网络需求，大幅提升了手机用户的体验感。

位于昆明市中心的南强街——南屏街一带商圈，每天晚上是南来北往的游客的聚集地。2023年春节期间，该地区的商圈人流量创下了200万人次的高峰，这对网络建设质量构成了巨大挑战。昆明移动的网络建设团队深入商业街区进行细致的摸排和测试，进行了精准规划和调优。他们采用了宏站和微站的立体组网策略，多频段协同作用，特别是在南强街至南屏街一带商圈部署了多个宏站和微站，克服了人流密集、街巷狭窄以及网络复杂等问题，确保了该商圈5G网络的全覆盖，以应对高流量的挑战。网络下行平均速率达到500Mbps，上行平均速率达到80Mbps，满足商家开展直播活动，游客查询推荐、分享体验等不同场景的需求，有力地支撑了昆明商圈经济的发展。

在大理苍山上的洗马潭景区，位于苍山玉局峰与龙泉峰交界处海拔3920m，被称为山巅之湖，为建设洗马潭景区5G网络覆盖，中国移动云南公司大理分公司的网络建设者们克服高寒、缺氧等恶劣的自然环境，完成洗马潭景区5G网络全覆盖，让每一个来到洗马潭景区的游客尽享流畅的5G网络信号，方便用户随时随地拍照分享给亲朋好友。

依托华为技术团队和昆明人工智能计算中心底层适配能力的支撑，由算力支撑大模型的适配在线推理和数据安全，整个生态完成了落地闭环，建成能调用的各个大小模型100多个，如图像识别文本分类、数据数学统计模型等，所改造的核心业务流程超过20个，文旅场景落地的超过5个，如客户服务，从视觉类的大模型连接到生态，除了简单的对话场景，还进行了立体的扩展，有利于对业务进行深度的思考和挖掘。目前，大模型落地应用于大理的民宿，为民宿入住游客提供旅游信息对话咨询、AI管家、知识图谱、应用连接，以及本地导游制定独具本地特色的旅行规划等服务，极大地提升了游客的旅游体验。同时，大模型上的数据既能为游客选择民宿提供参考，让游客感受到智慧文旅的便捷利民，又能为商家预判市场提供数据支撑，甚至反推商家提高服务质量，从而打通了数字技术与旅游实体融合发展的链路。

2. 文化产业集聚效应日趋增强

云南省的文化产业正在蓬勃发展，随着新兴文化企业、创新文化业态和多样化的文化消费模式的兴起以及互联网技术的支持和“数字＋文化”模式的应用，现代化的文化产业体系正在云南省不断成熟和完善。这一行业的发展不仅传承了云南的优秀文化遗产，还塑造了一个全新的、美好的云南形象，为省内的经济和社会发展提供了强大的推动力，为建设一个文化繁荣的云南注入了新的活力。

在第十五届中国（深圳）国际文化产业博览交易会上，云南展团43家代表性文化企业的集体亮相，成为历届展会中规模最大的亮点。在这次文博会上，云南的重点文化产业项目吸引了广泛关注，现场签署了多个项目合同，其中最高的一笔达到120亿元。

参观紫云青鸟云南文化创意博览园，可见到充满云南特色的陶艺、刺绣、茶艺等金、木、土、石、布产业。自该园区被命名为"云南文化创意博览园"以来，入驻的企业数量已从最初的20多家增长到160多家，产值突破了10亿元大关。园区正利用云南自贸区的建设红利，推动文化产业的转型升级，采用"互联网＋文化科技"的发展策略孕育云南文化产业的新业态。

二、产业园区化的文旅融合

（一）文艺演艺和文化旅游产业园区化

1. 打造文化产业园区，搭建文旅融合的平台载体

文化产业与旅游产业在融合上具备天然优势，文化赋予旅游产品深厚的内涵，而旅游则为文化产业开拓了广阔的市场空间。近年来，随着旅游消费观念的不断升级，消费者的需求已从单纯的观光游览转向寻求富有文化特色和深度体验的旅游产品。贵州省正充分利用其丰富的文化资源，深入挖掘旅游文化的内在价值，开发独特的文化旅游产品，从而实现文化产业与旅游产业的深度融合。具体举措包括建设多样的文化产业园区（基地），为文旅融合提供平台和载体。以"十大文化产业园"和"十大文化产业基地"项目为核心，贵州省推动文化和旅游产业的共同发展。目前，众多产业园（基地）已竣工并运营，如贵阳数字内容产业园、黔西南民族文化产业园、贵阳会展基地、凯里民族民间工艺品交易基地、贵州日报报业集团印务传媒研发基地、多彩贵州城、黔中国际屯堡文化生态园等。

2. 打造精品文化旅游线路、商品、民族文化演艺项目

贵州省在文化旅游领域大力发展，成功打造了以喀斯特自然风光和多元民族文化为主题的一系列文化旅游线路和产品。此外，通过举办多样的文化旅游节庆活动，如中国原生态民族文化旅游节和中国贵州乡村旅游节，进一步丰富了旅游产品的文化内涵。在民族文化演艺领域，贵州推出了《多彩贵州风》《依依山水情》《八音坐唱》《神秘夜郎》等文化演艺作品，其中《多彩贵州风》已成为贵州的文化旅游名片。

3. 创建文化产业示范基地，培育文化产业市场主体

贵州省致力于推动旅游业的高质量发展，根据省委、省政府的指导意见，优化旅游产业链和发展布局，整合跨区域资源，加速旅游产业的集聚发展。通过实施“12345”产业链推进模式和“双千工程”，贵州省旨在实现工作链、产业链、价值链的一体化，强化龙头企业、专家团队、资金支持和人才保障的协调发展，推进旅游业与一、二、三产业的深度融合，激发新的经济增长点。

（二）贵州文旅融合定位与理念

贵州省基于产业园区（基地）进行文旅融合。近年来贵州省充分发挥自身资源优势，深入挖掘文化内涵，打造出一系列特色旅游产品，建设了一系列文化产业园、会展基地、文化生态园等，丰富旅游产品文化内涵。其主要特征有：政府主导，民间资本参与；产业全业态化；产品品牌化、主题化；景区智慧化、数字化；以文化赋能旅游；乡村旅游与扶贫融合。

（三）案例

雷山文化旅游产业园区规划总面积 199.04hm^2，距西江千户苗寨西面 4km。园区建设根据环境、社会和经济协调发展和确保景观环境完整的原则，突出民族文化、历史背景、地域环境等方面资源优势，树立特色鲜明的旅游形象，以高起点、高标准的要求打造一个以苗族文化旅游、茶园养生度假、旅游产业服务为主导产业的国际级旅游度假小镇。同时，园区还将成为西江千户苗寨的主入口集散地和综合服务的集中区和形象区，除了交通、集散、咨询、票务服务之外，园区还承载了千户苗寨旅游业态的外移功能，包括文化展示、餐饮接待、休闲度假、酒店住宿、旅游纪念品销售等配套功能，也成为当地居民参与旅游业经营的集中地。园区的建设将使西江千户苗寨的旅游业态更加完善，成为游客体验苗族文化和养生度假的旅游胜地。

第七节　东北地区的文旅融合实践与创新

文化是旅游的灵魂，旅游是文化的载体。加速文旅融合，首先，要厚植辽宁省文化资源优势，创造性转化，创新性发展，利用丰富的文化遗产资源建设内涵旅游、体验旅游、境界旅游的特色文化 IP，打造世界文化遗产旅游目的地。其次，

用文化元素为旅游铸造灵魂，让风景富有神韵，山水饱含诗情。最后，赋予各类旅游景观、设施和服务以文化基因，使之成为担当文化使命、承载文化功能的重要载体。

一、节庆活动点亮民俗品牌

辽宁省在旅游业发展中深刻理解到文化是旅游的核心。游客在欣赏景点的同时，对体验地方独特的人文风情表现出浓厚兴趣。近年来，辽宁省通过多种方式丰富了旅游的文化内涵，如举办各式民俗活动、推出列车冠名项目、开发商业街区，这些都有效促进了旅游收入的持续增长。文化与旅游的深度融合不仅挖掘了辽宁省丰富的文化资源，也为旅游业带来了新的活力。尤其是节庆活动的成功举办，不仅提升了民俗文化的品牌影响力，还强化了辽宁省作为文化旅游强省的核心竞争力。通过以民俗文化为核心，辽宁省构建了具有鲜明特色的旅游品牌，有效推进了文旅融合发展。

二、辽宁省文旅融合定位与创新理念

（一）工业企业成为国家级旅游景区

推动旅游与制造业融合方面，沈阳着重培育滑雪设备、低空飞行、房车制造等产业集群，华晨宝马、沈阳机床等 19 个工业企业成为国家级旅游景区。在推动旅游与农业融合方面，沈阳发展锡伯龙地、盛京驿站等 20 余个乡村旅游庄园，沈阳市休闲农业年营业收入近 6 亿元。

（二）通过“旅游 +”促进产业融合

为激发旅游发展活力，大连创建“一体双轮五驱动”综合管理模式，培养各类功能区品牌 100 多个，获评“中国最佳旅游城市”“全国首批旅游休闲城市”“美丽山水城市”。大连推进“旅游 + 邮轮”“旅游 + 农业”“旅游 + 工业”“旅游 + 体育”“旅游 + 医药”“旅游 + 航空”“旅游 + 交通”建设，建成三寰牧场等一批休闲旅游项目，建设海盐世界公园、玻璃小镇等，开发帆船、自行车环岛赛等旅游赛事。“旅游 +”促进产业融合，催生新产品、新业态的出现，有效延伸产业链条，带动大连全市年均旅游就业的增长。

（三）边境旅游为特色和发展方向

丹东口岸作为边境旅游的重要门户，其赴朝鲜的游客数量占据全国的 80% 以上，吸引了 40 多个国家和地区的游客通过此口岸前往朝鲜。经过 30 多年的发展，边境旅游已成为丹东独有的标志性旅游项目。

（四）深化旅游业供给侧结构性改革

辽宁省正深入推进旅游业的供给侧结构性改革，旨在培育并壮大市场主体。这一转型的重点是将旅游业从单一的门票经济模式转向更加多元的产业经济模式，从传统的景区旅游转变为全域旅游，从单纯的观光旅游向休闲度假旅游升级，实现从小众旅游到大众旅游的转变。

（五）“节庆＋民俗”拉动旅游经济快速发展

“节庆＋民俗”的组合不仅推动了辽宁旅游经济的迅速增长，还促进了旅游市场的蓬勃发展，为辽宁省成为旅游目的地强省奠定了基础。此外，该模式还助力了文化产业、生态农业、服务业及地产业等相关产业的融合与共同发展。

三、案例

（一）本溪县的生态羊汤节：美食与旅游的完美结合

辽宁本溪满族自治县举办的生态羊汤节是文化与旅游融合的杰出示范。这里的羊汤拥有 300 多年的历史。为了提升这一传统美食的知名度，当地将特色羊汤与旅游业相结合，举办生态羊汤节，让这道默默无闻的佳肴成为游客到访本溪的必尝美食。生态羊汤节的成功举办不仅提升了本溪的知名度，还促进了当地自然风光、温泉康养、红色旅游等多个旅游资源的发展，为本溪打造生态旅游品牌、发展全域旅游奠定了坚实基础。

（二）抚顺民族风情国际旅游节：一场文化和旅游的盛宴

抚顺市每年一度的民族风情国际旅游节不仅促进了该市的经贸交流和旅游业发展，也成为市民狂欢的重要节日。富有民族特色的活动给来自不同地方的游客留下了深刻的印象。通过这些活动，抚顺有效地推广了其独特的文化旅游资源，为旅游业的发展注入了新的活力。

（三）加速文旅融合互联互通，加速“引客入辽”

辽宁省依托其雄浑壮丽的山水景观和深厚的文化遗产，正全力推进旅游业的繁荣发展。

为了吸引更多的游客，辽宁省已经开始实施“引客入辽”战略，同时促进文化、旅游、交通的综合发展。在这一过程中，辽宁省尤其重视利用交通工具作为推广手段。

丹东凤凰山被誉为辽东旅游的璀璨明珠，因其秀丽的自然风光而闻名。为了便于游客前来，辽宁省与中国铁路沈阳局集团公司合作，开通了从吉林省到丹东凤凰山、从山海关到丹东凤凰山的旅游专列。这些专列不仅方便了京津唐地区和吉林省的游客访问辽宁省，而且成为展示辽宁省旅游资源的移动展览馆。

辽宁省也通过冠名旅游专列积极推广其丰富的旅游资源。利用高铁网络快速向全国乃至世界推广其深厚的文化和自然遗产。这一战略不仅提升了辽宁省的知名度，也增强了其在旅游领域的影响力。抚顺、盘锦、本溪等十余个城市已与铁路部门签订旅游专列合作协议，开通了多条精品旅游线路，如“哈大高铁体验游”“辽东边境风情游”“辽西历史文化游”“辽宁中部八市游”“辽宁沿海六市游”等。这些旅游线路不仅为当地的历史文化和自然资源提供了一个优秀的展示平台，也为这些城市的旅游经济发展带来了新机遇。通过这些举措，辽宁省正在全方位地推动其旅游产业的发展。

（四）文化街区提升综合竞争力

辽宁省在文化和旅游的融合发展方面正在经历从简单的门票经济到全面的旅游产业链的转型。在这一过程中，富有文化底蕴的旅游街区逐渐成为游客的新宠。

1. 留下沈阳轻工业文化的浓墨重彩

在“2018中国（沈阳）老龙口文化特色商业街规划与发展论坛”中，沈阳市提出了建设“老龙口1662酒文化一条街”的计划。这个项目不仅是为了展示沈阳的传统文化，也是该市推进全域旅游品牌、延伸旅游产业链的重要步骤。这条文化街区旨在展示沈阳轻工业文化的独特风采，将包括老字号聚集区、工业建筑博物馆、白酒主题文化园和创意创新集群，将成为一个时尚体验的综合区域。

2. 营口辽河老街的文化与旅游结合

营口的辽河老街在近年来也逐渐成为展示当地文化的新地标。政府对这条传统街道进行了改造升级，使其成为一个融合传统与现代、引领时尚消费的旅游目的地。游客在这里可以欣赏到融合了传统和现代元素的建筑风格，仿古建筑与各式人形石雕、蜡像的结合，营造出一种穿越时空的感觉。

（五）文化是灵魂，休闲业态是关键

辽宁省的旅游发展正日益凸显其文化魅力。辽河美术馆、1905创意工厂、广厦艺术街等地区作为文化旅游街区的典范，正在凸显辽宁省旅游深厚的文化内核，并增强了该地区在旅游领域的综合实力。在此基础上，辽宁省将进一步拓展公共文化旅游区域，迈向全域旅游的新时代。工业旅游作为辽宁省旅游的一大亮点，加上“整合红色文化资源，打造辽宁省红色文旅品牌”和“将地域文化融入旅游纪念品设计研发”的策略，将进一步丰富辽宁省的旅游吸引力。

为了更好地融合文化与旅游，辽宁省将举办各类民俗文化展演，并鼓励艺术家们以当地故事为灵感创作剧本，如《印象 · 满族》和《印象 · 关东风》等大型山水实景演出。此外，辽宁省还将积极开拓俄罗斯、东南亚等关键旅游市场，并充分利用“72小时过境免签”政策，以提高辽宁省旅游的国际知名度。

第六章　文旅融合发展的策略与展望

通过持续创新、资源整合和合作共赢，文化旅游产业与旅游产业的融合发展将在未来进一步壮大，为社会经济发展和人们生活品质的提升做出更大的贡献。本章为文旅融合发展的策略与展望，主要介绍了两个方面的内容，分别是文旅融合发展策略与建议、文旅融合发展结论与展望。

第一节　文旅融合发展策略与建议

对产业融合发展研究的最终目的是指导实践，以推动旅游产业与文化产业的融合发展，取得良好的经济效益和社会效益。通过对文化产业与旅游产业融合的动力机制、融合模式的研究，结合影响融合的关键要素和融合现实，提出文化产业与旅游产业融合发展的对策。

一、建立和完善促进融合的顶层制度设计

（一）建立文化产业和旅游产业融合机制

长期以来，在法规、政策等体系中，文化产业与旅游产业各自独立发展，面临着行政垄断和部门分割的问题。这种高度集中的管制导致产业之间出现壁垒，给文旅产业的融合带来了难度，同时增加了融合的成本。为了实现真正的产业融合，需要通过顶层设计来破除这些壁垒。旅游和文化管理部门应加强沟通，建立起支持旅游产业和文化产业发展的协作机制，这包括规划、投资、政策支持、宣传推广以及人才培养等方面，共同开创旅游和文化融合发展的新路径。为了实现这一目标，可以考虑建立一个跨越产业成员主体的组织，如文化旅游产业发展委员会，以指导成员主体的行为，制定相关政策，提升产业竞争力。同时，需要完善法规和制度，以确保相关利益主体的行为受到合理约束和有效监督。

（二）转变政府职能

在经济发展的不同阶段，生产能力和消费需求之间的关系发生着显著变化。在生产能力较低的阶段，产出主要由供给能力决定，而当供给超过需求时，产出则受需求驱动，前者属于供给不足型经济，后者则为需求过剩型经济。这两种情形下的发展策略和政策需求有所不同。中国的文化和旅游产业是在计划经济向市场经济转型的背景下发展起来的。起初，这些产业面临着供给不足的问题，主要依靠政府的财政支持和优惠政策。然而，随着时间的推移，供给水平提升，产业面临结构性过剩的问题，有效需求成为推动产业发展的关键。

在新的经济环境下，文化和旅游产业的发展策略应该重点关注质量的提升，而不仅仅是数量的增长。产业发展的动力应从依靠政府财政支持和资源投入转变为依靠企业竞争力和产业结构的优化，以更好地满足人们多元化的文化和旅游需求。政府的职能转变应包括积极调控市场，引导旅游和文化企业的生产经营活动。同时，政府应鼓励和支持文化与旅游企业之间的合作，共同开发融合型项目，解决融合发展中的实际问题。此外，继续推进文化企业和旅游企业的体制改革，建立一个清晰的产权结构和科学的管理体系，是实现这一转型的关键。

（三）加强区域产业规划整合

为了促进区域产业的全面发展，重点应放在打破旅游与文化产业之间的壁垒，推动它们的紧密结合。这需要遵循“相互补充、共享资源、相互促进、共同进步”的理念，制定综合的“文化—旅游”发展计划。此计划应专注于文化和旅游产业的空间分布和功能区域的优化，策划一系列具有强大带动力和显著综合效益的重点文旅项目，并致力于创造既有文化内涵又有旅游价值的多功能产品。政府在这一过程中扮演着关键角色，需从区域产业布局和经济社会发展的整体角度出发，结合文旅产业融合的具体情况，采用开放和前瞻的思维，制定科学的融合规划，确立行业标准，引导产业发展。此外，政府还需要为不同产业间的信息交流和合作搭建有效平台，以实现文化产业和旅游产业在区域层面上的最大化融合。

（四）制定促进融合产业政策

为了有效促进文化产业与旅游产业的深度融合，重要的是制定灵活且高效的政策。鉴于旅游市场的多样化和动态性，应增强对科技创新和市场需求变化的关注，并加强文化与旅游领域之间的信息交流及合作，以此探索融合与创新的新途径。在这个过程中，促进两大产业融合的政策制定变得至关重要。例如，在农业与旅游业的结合中，农业农村部和国家旅游局联合推出的支持农业旅游发展的政策就是一个良好的实践案例。文化和旅游部可以效仿这种策略，跨越部门界限，以开放的思维探索产业发展的新空间。各产业部门的协调政策对于推动产业结构的优化和升级至关重要。此外，建立有效的激励机制，平衡各参与方的利益也是关键。可以考虑设立多种专项基金，如“市场开发基金”“产品营销基金”“创新人才基金”和“环境改善投资基金”，以支持产业融合和创新发展。

二、确立企业的市场主体地位

在市场经济中，企业是市场活动的核心。没有企业的积极参与，市场经济就无法顺利运行。文化和旅游产业的有效结合也离不开这些企业的主动融入。政府可以提供激励和政策指导，但如果仅依赖行政手段强制推动产业融合，效果往往不尽如人意，融合的关键在于确认并尊重企业作为市场主体的地位。将文化和旅游企业放在产业融合的前沿，意味着围绕企业和文旅消费者的需求，创造有利于企业自主发展的环境，并提供持续稳定的政策支持。同时，政府和管理部门应规范自身行为，在产业融合中既不越位也不错位，尊重企业的自主权，鼓励它们通过创新开发具有独立知识产权的文旅产品，提升核心竞争力。

在这个融合过程中，市场对文化旅游资源的配置应发挥基础性作用，让市场和社会参与经营性文旅产业的发展，并建立多元化的投资和竞争机制。这样，文化旅游企业的地位和等级在整个发展过程中将不断提升，促进强有力的文旅龙头企业的诞生，改变地区文化旅游产业的格局。这将减少依赖政策的文旅单位，增加积极寻求市场机遇的文旅企业，加强产业发展的内在驱动力，从而推动文化与旅游产业的深度融合和广泛发展。

三、强化知识产权意识，完善文化旅游资本运营

（一）强化知识产权意识

在当前的市场环境下，文化和旅游产业越来越依赖于知识产权的保护和创新。这种产业的发展不仅仅是依赖自然资源，而是更多地依赖于创意和知识的转换，以及文化旅游资源的有效管理和创新服务。中国的文化旅游产业在研发和资本之间存在断裂，导致投资者难以掌握内容生产和创意资本，使得文化旅游产业在资

产、权利和运营方面存在空缺。围绕知识产权的文化与旅游产业的融合，可以转变传统的产业模式，将重心放在知识产权的获取上。自主创新和知识产权的获取不仅能促进资源开发、内容创作、产品交易和传播的自由流通，还能提升产业的规模化生产能力。中国的传统文化和民族资源由于缺乏有效保护，正面临流失的风险，这加剧了文化与旅游产业融合的困难。提升文化和旅游产业融合到文化产权层面，加强知识产权保护可以确保文化旅游资本的再利用和技术标准的落实，有效防止文化资产流失，并在全球竞争中确保产业的健康发展。

以华强文化科技集团为例，该公司作为国内综合文化产业链的先驱，其业务范围涉及从影视动漫到文化衍生品，再到主题公园的设计、研发、建设和运营，已成功打造了拥有完整知识产权的“方特欢乐世界”和“方特梦幻王国”等文化科技主题公园品牌。目前该集团不仅在芜湖、泰安、青岛、沈阳、株洲、郑州等地建设了“方特欢乐世界”和“方特梦幻王国”大型文化科技主题公园，迅速提升了“方特”的品牌价值，还完成了乌克兰等国主题公园的创意设计，首次将自主品牌“方特”以授权使用的方式输出到伊朗，进而发展了中国文化旅游产业“走出去”的新模式。

（二）完善文化旅游资本运营

由于资本运营可以激活资本要素，提高资源配置效率，因此资本运营是一切产业发展的必由之路，也是实现产业资本增值的必要条件。文化旅游产业资本运营的主要目的是激活资本要素，提高文化产业与旅游产业融合资本的市场价值，形成持久发展动力。文化旅游资本是文化旅游资源进入产业领域后，通过产业思维和创新思维，转变为可操作、可交易、可增值的产业单位后形成的。当文化旅游资本进入内容生产与再生产的环节，就被转化为文化旅游产品，通过产品市场交易并最终被消费者使用，从而实现产业的经济价值、文化价值与社会价值。

创新和创意是文化旅游资源向文化旅游资本的转化条件，但是目前我国文化旅游产业创新指数偏低，创新能力不强，而创新能力不强又与文化旅游资本运营的创新机制有很大关系。文化旅游资本的运营决定了文化旅游产业产品生产能力高低、品质优劣以及产业可持续发展的前途，它是文化旅游产品内容生产体系的核心要素，也是文化旅游产业形成的基础。采用创新和创意内容通过资源规划可成为文化旅游资本，并以产权形式在资源配置中实现资产增值和产业增长。

四、借力文化旅游产业园区

根据《中共中央关于深化文化体制改革、推动社会主义文化大发展大繁荣若干重大问题的决定》，文化产业与其他产业如旅游、体育、信息技术、物流和建筑业的结合发展正受到国家层面的高度重视和政策支持。应对这种发展趋势，专门针对文化与旅游产业融合的文化旅游产业园区应运而生。这些园区通常位于拥有丰富文化底蕴和创意资源的特定地区，旨在把文化创意作为旅游的吸引力，给游客提供全方位的体验服务。这种园区不仅包括旅游景点，还涵盖了相关企业和部门，形成了一个旅游、文化、创意产业的综合发展区域，旨在构建完整的旅游产业链，从而实现空间上的集中和功能上的集聚。

（一）文化旅游产业园区的核心属性、特征

文化旅游产业园区在中国各地迅速崛起，成为城市发展的新亮点。这些园区，如西安的曲江新区、临潼区、洛阳的汉魏故城、隋唐城遗址等，都是多个城市建设中的重要组成部分。文化旅游产业园区与一般的文化产业园区相比，具有一些独特的特征和核心属性。

1. 文化旅游产业园区的核心属性和内涵

文化旅游产业园区作为一种新型的区域发展模式，专注于提供以游客为中心的文化和旅游体验。这些园区的核心特点是结合文化观光和休闲体验，融合了文化、旅游、度假、会展等多元功能。它们不仅仅是旅游目的地，还是文化交流和创意思维的聚集地。这些园区通常建立在具有丰富历史文化底蕴和现代文化资源的地区，旨在把文化旅游产业作为主导力量来推动区域经济发展。园区提供的文化旅游产品既满足当地居民的文化休闲需求，也吸引外来游客。这些园区反映了特定地区的文化、社会和经济特色，同时拥有独特的管理和运营机制，通常由专门的机构负责园区的日常管理和协调。

文化旅游产业园区作为一个多功能综合体，不仅丰富了当地的文化生活，也为游客提供了深度的文化体验。通过这些园区，游客可以深入了解当地的历史、文化和艺术，同时享受休闲和娱乐。园区内的活动和展览应经常更新以保持游客的兴趣和参与度。这些园区不仅促进了文化传承，也为当地经济发展提供了新的动力。

2. 文化旅游产业园区特征

在当代文化和旅游产业的融合趋势下，文化旅游产业园区作为一种新兴的产

业模式，展现了独特的特性和发展动态。这些园区是文化和旅游产业相互作用和协同发展的空间载体，具有以下几个显著特征。

第一，文化旅游产业园区的核心动力在于其创新和创意能力。

园区的发展依托于独特的创意概念和文化内容，这些创意元素不仅促进了文化与旅游的融合，还成为吸引游客的主要因素。

第二，园区设计强调提供综合性的体验。

与传统旅游目的地相比，文化旅游产业园区更加注重满足游客的全面需求，包括餐饮、住宿、交通、旅游、购物和娱乐等多个方面，力求为游客提供全方位的“一站式体验”。

第三，园区的产业链条较为丰富。

文化旅游产业园区不仅包含旅游行业的传统要素和文化创新要素，还引入了旅游地产、艺术创作、建筑设计、文化教育等相关产业。这种多元化的产业整合不仅促进了旅游业的发展，还实现了科技、文化、艺术和生态等多个领域的有机融合。

3. 文化旅游产业园区的产业体系

文化旅游产业园区作为一种创新型的发展模式，融合了文化、旅游及城市发展的多个方面。这些园区以特定的文化元素为核心，将文化和旅游产业作为主要支撑，进而通过多元化的产业融合创造出独特的业态。从根本上看，文化旅游产业园区是在政策驱动下的一种新型城市发展模式，它体现了文化、旅游和城市发展的综合性融合。文化是核心驱动力，不仅指导园区的整体发展方向，还为园区赋予独特的魅力。旅游则是促进经济增长和城市形象提升的关键因素，助力于吸引游客和促进商业活动。而城市发展和地产则为园区提供必要的基础设施和物理空间。

在这种“三位一体”的开发模式下，文化旅游产业园区内部的产业体系呈现出以旅游为主导的现代服务业和文化产业的综合发展态势。园区不仅包括文化主题公园、旅游景区、创意空间、旅游线路和商品，还涵盖了文化传播、休闲娱乐、艺术表演等多种功能，形成了一个多元化、互补性强的综合体，如图 6-1-1 所示。这样的发展模式不仅丰富了城市的文化旅游资源，还为城市的经济发展和文化传承提供了新的途径。

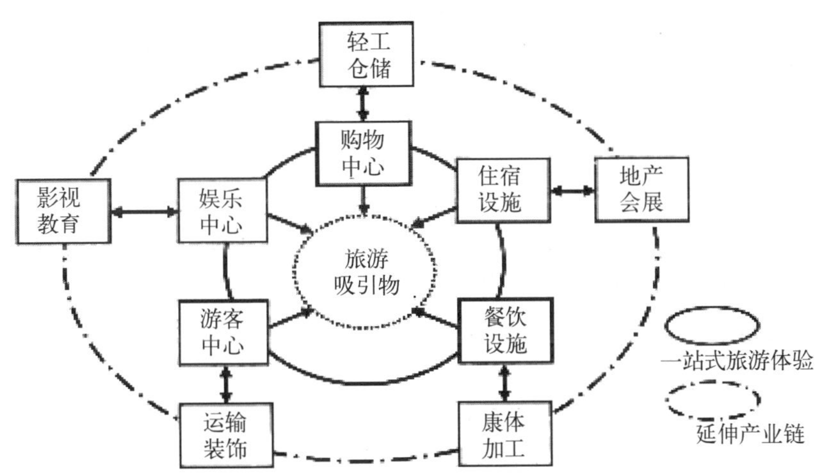

图 6–1–1　文化旅游产业园区产业体系

（二）文化旅游产业园区的“钻石模型”

文化旅游产业园区的存在和发展，关键在于其核心使命或目标。这一目标不仅是简单的外在展示，而且是推动文化旅游产业的集聚与发展，增强文化旅游创意和资源的附加价值及规模效益的展示。园区的核心在于产业的集聚与融合，它是文化旅游产业形成竞争优势的空间实体。文化旅游产业园区产业链构建的相关因素，如图 6–1–2 所示。

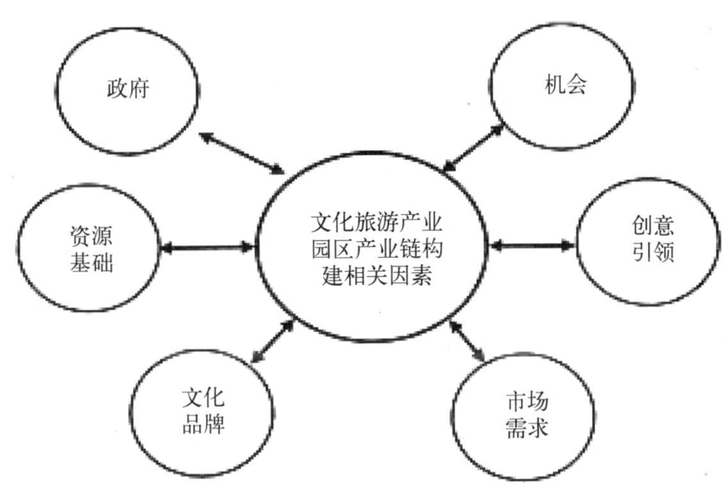

图 6–1–2　文化旅游产业园区产业链构建相关因素

文化旅游产业园区的成功依赖于多种要素的综合作用，形成所谓的“钻石模型”，这是实现产业集聚和融合的关键。竞争优势的形成可分为成本领先和差异化两种基本类型。高层次的差异化竞争优势需要“钻石模型”中的各种要素相互配合。文化旅游产业园的发展本身也是多要素综合作用的结果。要形成有效的产业链条，必须有资源、创意、品牌和市场需求等要素的支持和协调。

文化旅游产业园区的基本商业模式是以产业链为基础的运营。园区间的竞争不是单一企业之间的竞争，而是不同产业链之间的竞争。因此，构建和优化产业链成为提升园区竞争优势的关键。在构建产业链时，需要充分考虑文化旅游产业园区的相关要素以实现差异化竞争，提升园区的整体竞争力。

（三）文化旅游产业园区发展要素

在全面的旅游产业体系的推动下，与文化旅游相关的各个领域，如文化主题、文化旅游景点、文化旅游设备、文化旅游服务、文化旅游开发投资等都可以作为文化旅游产业园的发展因素。通过对文化旅游产业园区内涵的深入理解，以及对多个文化旅游产业园区项目的总结，可以知道成功构建出文化旅游产业园区需要依赖以下七大因素：文化主线的选择与定位；塑造园区的产业驱动力；产业要素体系构建设备；创新文化旅游体验模式；创意文化旅游产品形态；强化营销策略的整合；构建全新管理融资机制。如图 6–1–3 所示，为文化旅游产业园区发展要素。

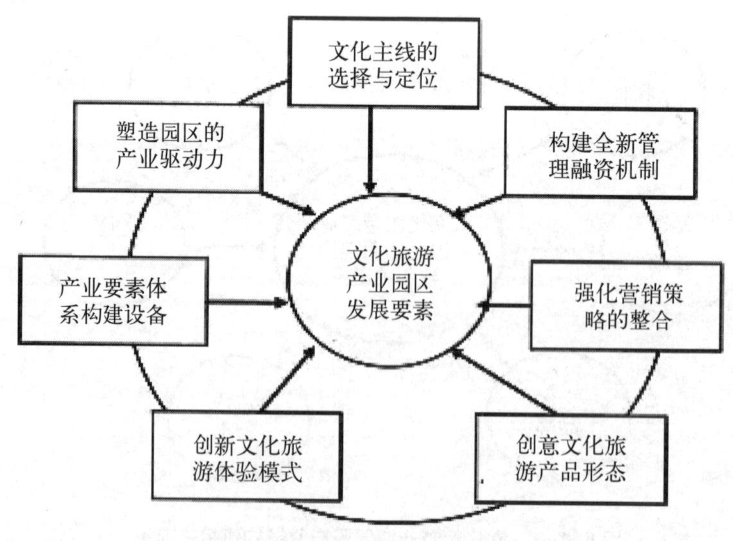

图 6–1–3　文化旅游产业园区发展要素

1. 文化主线的选择与定位

文化旅游是通过创新的文化内容和旅游项目开发来满足消费者对“知识、新奇、特殊”的需求。因此，特色是文化旅游的核心，而文化是特色的根基。文化资源是文化旅游产业园区的独特之处，其独特的文化内涵也是吸引游客的关键。在建立文化旅游产业园区之前，必须对选址地的历史和旅游资源进行深入分析，深度挖掘文化资源并对其进行再塑造，利用现代化、创新性、商品化的方式，通过选择和定位文化主线确定整个文化旅游产业园区的发展路径。

2. 园区产业驱动力的塑造

在构建文化旅游产业园区的过程中，仅依赖一两个核心项目是无法承担起区域产业发展的重任的。我们必须整合区域内的资源，在园区的全范围内通过创新策划，构建具有国际视野、前瞻性思维和市场吸引力的文化主题体验项目，以及吸引社会广泛关注的大型旅游项目。这样可以迅速吸引人流，形成市场的爆点，为整个园区的顺利建设提供良好的市场和产品基础。

3. 文化旅游产业聚集要素完备

文化旅游产业的发展依赖于多方面的整合与优化。在打造文化旅游集聚区时，关键在于将旅游产业链中的各个环节融合思考，实现系统化的要素布局。这样的策略有助于形成一个全面的产业集群，促进社会经济全面发展。构建文化旅游产业园的要素体系时，要以提供丰富的文化旅游体验为核心，应全面提升硬件与软件设施，如餐饮、住宿、交通、购物和娱乐等。此外，拓展产业要素和配套工程体系，与社会的经济文化资源紧密结合，是形成一个综合性产业体系的关键。

以西安曲江新区为例，该区域的发展展现了文化旅游产业集聚的典型案例。曲江新区通过大雁塔北广场和大唐芙蓉园的建设，实现了文化旅游的突破。同时，大唐新天地、唐城墙遗址公园、陕西历史博物馆、西安国际展览中心、曲江论坛以及中华民居博览园等一系列项目的推进，有效促进了影视娱乐、饮食、体育休闲等文化工程的发展，从而促进了文化旅游产业的集聚。

4. 游憩体验方式的创新

在文化旅游产业迅猛发展的背景下，产品与项目的独特性以及丰富的旅游体验价值均尤为关键。这就要求创新游憩的方式，让游客通过视觉、味觉、嗅觉和听觉等多种感官体验，深入理解旅游产品的内涵与特色，以满足体验经济时代对深度文化旅游消费的需求。西安曲江新区自建设伊始便致力于打造全方位的体验方式，而不仅仅是局限于观赏。多个重要的文化项目推动了一个集餐饮、住宿、交通、游览、购物、娱乐为一体的广泛游憩体验系统的形成。这种体验不仅限于静态的观赏，还包括互动式的演艺参与。游客在这里不仅能吸收丰富的文化信息，还能享受身临其境的游览感受，体验沉浸在文化氛围中的深刻感受。

5. 创意构建文化旅游产品

随着中国旅游业的演进，其发展模式正由资源依赖型转向市场驱动型，并逐渐融入文化创意产业中。在这个新的发展阶段，文化旅游的增长不再单纯依赖自然资源。创新的思维和理念现已成为推动产业发展的关键，它们有助于挖掘并活化资源中的文化精髓。文化旅游产业的价值在于将文化资源、现代科技以及当代生活风尚相融合。这三者的结合能产生显著的社会效应。文化旅游产业园区的产品不仅是文化创意与旅游的结合，而且应超越单纯复古或重构的方法，重新定义地方的人文历史。这种方法应符合国家政策，遵守文化产业的规划标准，利用旅游产业的集聚效应和强大的驱动力来开发和创建具有创意的文化旅游产品。

6. 强化整合营销策略

整合营销策略是一种全面的方法，它超越了传统的广告媒介传播方式，将所有与品牌形象有关的元素和与消费者接触的点都视为传播的一部分。华侨城在这方面做得非常出色，他们不仅开发出一系列市场所需的主题产品，而且还积极利用景区舞台和演艺资源来打造演艺精品。他们组织参加各种形式的推介会，提高市场认知度，与社会和媒体开展有效合作。曲江也非常重视自身的全面推介和传播。其在策划任何一个项目时，都力求找到市场的兴奋点。从《曲江宣言》《曲江事变》《曲江路线》《曲江报告》到《文化曲江》，他们持续关注品牌形象的强化，以增加曲江的影响力，目标是通过这种方式，使曲江成为一个具有广泛影响力和吸引力的品牌。这种整合营销策略的实施，无疑为曲江带来了更大的市场影响力和品牌价值。这种策略的成功实施，充分证明了整合营销策略的重要性和有效性。

7. 创新管理融资机制

文化旅游产业园区的成功管理和融资机制借鉴了“管委会＋公司”的模式。在这种模式下，管理委员会对园区实行封闭式管理，负责园区内的土地审批、规划、开发、建设、收益等事务。这种模式的优势在于，它不仅能够保证园区的有效管理，还能够在城市总体规划框架内对园区的发展进行科学的规划和有效的控制。

发展文化旅游产业园区不能仅依赖政府的出资，而需要采用市场化的运作方式。这就需要组建一个专门的文化旅游产业投资公司作为实施市场运作的平台。这个公司的主要任务是依托那些具有商业开发价值和盈利空间的资源，积极策划相关项目，编制局部发展规划，实施产业开发。

投融资机制的创新是文化旅游产业园区发展的重要保障。这需要从五大层面对整个区域的开发给予全面保障，包括文化旅游投融资、经营运作、人力资源建设、市场保障体系建设、资源保障体系建设。这就需要建立一个科学的投入机制，制定一套科学的投融资优惠政策，采取财政投资和筹措资金相结合的方式，加大投入力度，配套完善园区基础设施。还需要包装开发条件相对成熟、市场前景优良的重点项目，吸引企业投资，促进“投资—效益”的良性循环发展，从而实现对整体区域的有效开发。这就需要坚持政府主导下的市场化投融资机制，制定优惠政策，加大招商引资力度，吸引各种外来投资建设重大文化旅游项目，促进文化旅游产业园区的大发展。这种创新的管理融资机制无疑将为文化旅游产业园区的发展提供强大的动力和保障。

（四）文化旅游产业园区开发主流模式

文化旅游产业园区作为新兴的文化旅游产品集聚区，其开发过程是由各级政府、文化企业、旅游企业、开发商等多方共同探索而形成的。尽管这些园区的构成元素有许多相似之处，但在具体的开发模式上却存在着显著的差异。“一站式体验”是这些园区开发的重要出发点。对典型案例的深入分析可以总结出我国文化旅游产业园区开发的几种主流模式。这些模式各有特点，但都以提供一站式的文化旅游体验为目标。这些主流模式包括如下几种。

1. 影视基地模式

影视基地模式是一种独特的方式，它将原本静态的影视旅游资源转化为动态的体验。游客在这里可以参与影视角色的扮演，进行影视作品的独立创作，或者接受影视文化主题的教育。这样的方式形成了一种全新的影视旅游观光体验。

在这种模式下，建设的重点是打造影视主题街区，提供各种高品质的服务，包括休闲、娱乐、地产和教育培训。影视基地内的活动不仅限于游客的影视体验观光，更重要的是它还能带动影视相关商品的销售，如录影带、剧照、影视服装等。影视基地还融合了餐饮、住宿、娱乐等服务，形成了一体化的影视酒店或影视俱乐部。这里还有特色酒吧、茶座、特色店等，为游客提供了丰富多样的选择。这种影视基地模式无疑为文化旅游产业园区的发展提供了新的可能性和机遇。国内的横店影视城、北京怀柔影视基地、无锡影视基地是此模式的典型代表，如横店影视城地处黄金旅游线上，距上海380km，距杭州、温州各180km，距东阳市区18km，距义乌市区36km，是亚洲最大的影视拍摄基地，被评为国家AAAAA级旅游区。横店影视城下辖12个影视拍摄基地，总计用地4963亩（1亩≈666.67m^2），建筑面积495995m^2。横店影视城的发展模式推动了自身的发展，还直接带动了相关产业的消费，也拉动了横店整体经济的增长。目前，横店影视城产业化发展已经形成了一条以影视拍摄基地为依托、以影视文化为内涵、以旅游观光为业态、以休闲娱乐为目的、多行业发展的影视文化旅游产业链。

2. 动漫基地发展模式

动漫产业园区作为一个集产业、教育和研究于一体的工业区，其项目的启动、执行和发展通常需要数年的时间。由于前期的投入大，投资回报期长，这种“慢热”发展模式往往会让投资者望而却步。这种情况的根源在于几个方面：首先，如果仅仅依赖于动漫产业本身，而没有强大的品牌影响力和财力支持，那么在短期内很难实现突破。其次，如果产品过于单一，主要依赖于研发、加工、培训等业务来维持生存，那么就会导致同质化的低价竞争。最后，如果没有清晰的商业模式作为支撑，那么产品就无法在市场上立足。如何突破这种“慢热”的经营现状，提高招商效果，成功设计项目和商业模式，这需要我们从以下几个方面进行考虑。

（1）“快热”模式

“快热”模式是一种创新的策略，它的目标是缩短投资回报期，快速吸引人气和赢利，其发展实现从初期的稳定经营到中期的研发扩大，再到远期的可观回报。这种模式的实施，需要在初期整合体验式旅游，放大产业效应，形成快速盈利的结构。随着品牌的建立和融资项目的进一步包装，园区的资金、研发能力、生产技术和创新能力将得到大幅提升。同时，结合投资主体的自身优势，逐步实现核心产品的直接盈利，如动画片、动漫书籍、影视作品、网络游戏等。在这个阶段，体验式旅游和动漫产业的互动将进入高速发展期。产品的市场效应将吸引大量的玩家和游客，同时也将带动相关衍生品的生产和销售。这就是“快热”启动动漫园区发展模式的核心，它将启动园区的发展，提升园区的影响力，实现各园区的相互提升。

（2）跨越动漫

跨越动漫作为一种文化表现形式，已经超越了其产品本身的定义，成为一种具有社会影响力和聚集能力的催化剂。从动漫爱好者到游戏玩家，再到全球巡回的网络游戏竞技者和专业的角色扮演团队，动漫的影响力已经深入了社会的各个层面。

动漫产业与旅游业和泛旅游业在市场目标、内容展示、产业链接等方面有着定的交集。因此，在规划和设计动漫产业园区时，我们不应仅仅局限于考虑动漫产业本身，而应该从更高的角度，即产业和产业链的整合角度来考虑。在这个视角下，我们可以将动漫与体验式旅游、泛旅游业、房地产业等多个行业进行整合。我们可以以体验式互动、参与、销售、游乐等方面为切入点，以节庆、会议展览、特色观光等泛旅游产品为驱动力，基于园区的基础进一步拓展和建立多功能的动漫社区、动漫小镇和动漫城市。

这些动漫社区、小镇和城市不仅可以作为动漫研发、教学和生产的重要配套设施和互动基础，也可以解决动漫产业园区面临的产品生产周期长、研发成本高、收益难以预估等问题。

动漫产业园区的发展应该整合旅游资源，特别是利用本地的旅游资源。在前期，我们可以利用动漫旅游的客源基础，并结合产业发展的需求，开发会议展览、节庆等泛旅游产品，实现动漫产业园区的动态平衡发展，降低投资回报的风险。

（3）体验式动漫

体验式动漫旅游产品设计应着眼于动漫行业的深度融合与旅游业的创新发展。该项目将动漫文化作为核心，运用旅游业的多元化发展策略，推动动漫产业的市场扩展和品牌强化。在动漫产业市场规划中，除创设定动漫产业专区外，还要创设动漫主题游乐区、体验销售服务区及商务活动区。这些区域融合了创意元素与互动体验，如“民族风情动漫区”展现视觉盛宴，“动漫休闲街区”提供全天候娱乐，“专业动漫基地”满足游客需求，“狂欢秀场”和“动漫主题住宿”提供特色服务。此模式的引入旨在汇聚人气，塑造园区品牌形象。动漫与旅游结合项目通过旅游业的结构导入，促进平台整合资源，在动漫产业盈利模式方面实现创新。动漫与旅游的结合不仅加快了动漫产品市场化进程，也为产业多元化运营提供了新的模式。

（4）借助旅游业迅速推进动画产业园区的增长

动画产业园区普遍存在启动缓慢的问题，这对吸引投资构成了严重挑战，不利于市场竞争。园区通过融合地区旅游资源、自然环境和文化资源，创造出结合山水风光、休闲生活、独特品牌及游客热度的动画主题世界。园区可利用动画节日活动、行业交流大会和外部商业配套等方式，促进动画体验和旅游的互动发展，进而带动培训、研发、生产等产业的进步。在这样的策略下，将在短时间内营造出有利的投资氛围，打造园区竞争力和品牌影响力，引发新一轮的资金注入和产业升级。当前动画行业热度不减，海内外资本纷至沓来，各地动画产业蓬勃发展。旅游业这一杠杆可以促进相关地产、泛旅游行业和其他商业领域的发展。

3. 艺术园区模式

艺术园区是一种新兴的城市文化现象，其核心思路在于将废弃的工业建筑转变为创意空间。这些区域通常由艺术家和文化机构重新设计，使之成为融合画廊、艺术家工作室、设计办公室以及餐饮酒吧等多功能区域的艺术创意聚集地。这种模式不仅重塑了城市的工业遗产，还为城市增添了独特的文化气息，成为旅游活动的新热点。在艺术园区内，曾经的厂房和废旧设施经过精心改造，转化为新颖的建筑艺术作品。这些改造不但保留了城市的历史脉络，也为城市的发展注入了新的动力。这里的建筑不仅具有实用价值，同时也满足了人们对美学的追求。艺术园区的出现，引入了国际化的“SOHO 式艺术”和“LOFT 生活”方式，为城市的旅游业增添了新的活力。艺术园区是当代艺术与建筑空间、文化产业、历史遗迹以及城市生活方式与城市旅游的融合。艺术园区推动了艺术设计、工业制造、展览展示、主题地产等相关产业的发展，为城市旅游业带来了新的动力和光彩。北京的 798 艺术区、上海的 8 号桥创意园区和杭州的 LOFT49 社区等，都是这种艺术园区模式的杰出案例。

上海 8 号桥创意园区位于上海黄浦区建国中路、重庆南路口，北邻淮海路商圈，属于第二类由老厂房、老仓库改建的创意产业园区。2003 年之前，8 号桥还是上海汽车制动器厂的老厂房。园区一期（8 号楼）建设面积 4000 多 m^2。园区二期“上海时尚创作中心”项目（包括 1–7 楼）建筑面积近 10000m^2。8 号桥已经成为建筑、家居、艺术、广告软件、电影、出版、时装设计等新兴产业的汇聚中心。园区内已先后举办了法国文化周、澳大利亚旅游节、上海国际时装文化节、顶级汽车推介会和超级模特大赛等系列重大活动。

4. 新兴历史街区模式

新兴历史街区模式是在城市更新过程中对传统建筑和街道进行创新性的保护和利用。这种方式避免了传统建筑的大规模拆除，将其建设转化为具有独特魅力的旅游目的地，为游客提供全新的体验。在北京的什刹海、上海的新天地、重庆的黄桷坪涂鸦艺术街以及成都的宽窄巷子中，我们可以看到这种模式的成功实践。

在历史街区的旅游发展中，项目的主题扮演着核心角色。在项目策划阶段，要深入挖掘凸显街区特色的文化主题，以此为基础开发一系列产品和服务，这种链式的经营策略能有效提升街区的吸引力。为了满足游客日益多样化和个性化的需求，历史街区文化旅游项目必须避免千篇一律，强化自身特色。旅游体验的六大要素——行动、游览、住宿、餐饮、购物、娱乐都应紧密围绕街区的文化主题来设计和实施。这样，游客不仅能在视觉上，也在听觉、嗅觉等多个感官层面深入体验和感受到街区的文化内涵。通过这种方式，历史街区既保留了自身的历史价值，又赋予了其新的生命力，成为城市旅游的新焦点。

2003 年起，成都市着手对宽窄巷子进行了一系列的保护和改造工作，旨在维护这一地区原有的建筑风格。在这个项目中，“成都生活的精髓”作为主要设计理念，创造出了一个既丰富又富有文化特色的综合区域。这里不仅包括了体现民俗的生活体验区、多种博物馆、高端餐饮服务、精品酒店，还有休闲娱乐区和历史场景的重现。2008 年，这个项目正式向公众开放。宽窄巷子的整个项目依赖于三条具有独特风貌的巷子：宽巷子、窄巷子和井巷子。每条巷子都有其特定的主题和定位，反映出成都的文化特色和生活方式。在宽巷子，游客可以深入了解成都的传统休闲生活方式。这里仿佛是一个生动的成都生活展览馆，展示着传统民俗和风情。而窄巷子则专注于展示成都的慢生活文化，以西式餐厅、咖啡馆、会所和主题文化商业地为主要内容，将成都的生活方式以国际化的形式呈现给游客。井巷子则被设计成一个新兴的生活区，以酒吧为主导，体现出老成都的新活力。这三个主题的结合不仅创造了一个多元化的文化旅游产品，也形成了一个相互补充的旅游景区。这种独特的设计和经营模式吸引了众多游客前来观光和体验，对社会产生了深远的影响。宽窄巷子已经成为成都的一个标志性景区，展现了这座城市独特的魅力和文化底蕴。宽窄巷子成功的经验可以归为以下几点。

第一，宽窄巷子项目融合了独特的城市街市文化和茶文化等文化旅游要素，注重在开发中维护其文化遗产，并探索创新性的发展策略。该项目通过文化旅游产业推动了传统文化的复兴，为宽窄巷子的文化创意产业构建了一个强大且持续的消费市场。此外，项目通过提供市井文化体验和参观历史建筑的机会，有效利用了文化旅游资源，这些经验促进了项目的成功。

第二，宽窄巷子的运营管理采用了专业化模式。项目在开发初期就确立了明确的定位，并在发展过程中遵循了细致的商业规划和管理策略。这种专业化的管理和运营方式展现了其科学和精细的运作模式。

然而，在宽窄巷子的“文化 + 商业 + 旅游”改造目标中，本地居民的生活空间并未被充分考虑。营利性强的餐饮、商业和旅游业得到了快速发展，而文化内容则多作为衬托，非营利性的居住功能则被逐渐边缘化。在这种背景下，为数不多的居民似乎被繁忙的商业旅游活动所围绕，呈现出一种被孤立的状态，成为成都“休闲文化”商业景观的一部分。

5. 文化科技模式

这种新型经济园区将文化创意产业和高新科技产业融合为一体，实现了文化与旅游业的相互融合及和谐共生。作为政府、市场与企业之间的新型社会经济实体和企业发展的平台，它通过提供必要的管理支持和资源网络，助力那些处于初创阶段或规模较小的企业，使其能够独立运营并健康成长。园区内汇聚了众多高科技和文化企业，拥有独特的个性和特色，吸引了大量创意人才。园区通过结合历史背景、建筑设计、企业文化和生活方式等内容，成为一个综合性的旅游目的地。

文化与科技的结合不仅提升了文化产业的科技水平，丰富了文化产品的表现形式，从而增加了文化产品的附加价值，同时，也增加了科技产品的文化内涵，拓宽了市场范围，降低了发展风险。深圳华强集团有限公司正是依托于其优势和现有资源，开创了一个以文化为核心、科技为支撑的文化旅游产业发展新模式，并成为这一模式的代表。

深圳华强集团有限公司（以下简称华强集团）打造了三大主题公园品牌：未来科幻的“方特欢乐世界”、中国文化主题的“方特梦幻王国”、中国影视主题的“方特影视乐园”。这些主题公园均由华强集团独立完成从创意到设计、建设及运营的全过程。运用先进的声光电、数字技术、自动控制和人工智能技术，这些公园将中国历史文化与现代科技紧密结合，为游客提供了既真实又虚幻、充满互动的体验，代表了第四代主题公园的卓越成就。为适应电子商务的发展趋势，华强集团还精心打造了“方特网”——一个集网络游戏、休闲游戏、文化产品商城、动漫点播、在线订票、在线交流等功能于一体的网上商务和休闲娱乐平台。方特网为集团的各类业务提供了线上支持，使得线下产品和服务能够更方便地为消费者所了解和使用。此外，该网站积极利用数字电影、数字动画、数字游戏以及动漫点播等领域的最新发展，不断更新其内容和服务，逐步发展成为一个具有国际影响力的综合娱乐平台，以服务、创新和消费者价值最大化为其发展目标，引领高品质的时尚生活方式。

6．主题公园模式

文化旅游主题公园作为文化旅游产业的先驱，其构建过程代表了早期文化旅游产业园区的发展。主题公园模式超越了传统旅游公园的概念，通过创意和策划打造出一站式、多元化的现代文化旅游目的地。这些主题公园不仅注重品牌和环境的综合效益，还推动了房地产、影视、传媒等相关产业的兴盛，从而构建了一个全面的主题公园产业链条。作为成熟主题公园的典型案例，香港迪士尼乐园和华侨城 LOFT 创意园区等均展现了其成功的商业模式。以东部华侨城为例，该主题公园展现了如何有效地融合文化旅游与主题公园的精髓。

下面以东部华侨城为例，进行简要分析。

东部华侨城位于深圳大梅沙地区，覆盖约 $9km^2$，是基于华侨城旅游经验，结合山海自然资源打造的一个生态旅游综合体。项目融合了自然、生态、科学普及与体验的先进开发理念，形成了一个大规模、多元业态、互动式主题的生态旅游引领项目。

该旅游综合体从功能区划分上涵盖了茶溪谷、大峡谷、云海谷三个主要主题区。茶溪谷聚焦于生态度假，大峡谷着重娱乐体验，云海谷则以体育竞技为主。具体功能区分如下：旅游休闲区，囊括大峡谷、茶溪谷和八个特色度假酒店；体育活动区，以云海谷的高尔夫球场和体育公园为主；高端居住区；商业区域，涵盖天麓商业街、茵特拉根小镇、海菲德小镇和茶翁古镇；佛教文化区，包含大华兴寺和观音坐莲雕像等；演艺节目区，展示了天禅、天机、咆哮山洪等节目。这些丰富多彩的区域和活动共同构成了东部华侨城独特的生态旅游体验。

（1）东部华侨城项目内容

①茶溪谷区域

这一区域面积达 $2km^2$，海拔高 330m，坐落于三洲田的山脉、水域、茶田和湿地之间。茶溪谷利用其丰富的自然资源和茶艺等文化元素，首创引入了“茶禅文化”。这里分为茵特拉根小镇、湿地花园、茶翁古镇和三洲茶园等四个主要的主题区。

茵特拉根小镇：小镇名称源于德语“Interlaken”，意为“两湖之间”。占地大约 11 万 m^2，其建筑风格借鉴了中欧瑞士山区小镇的经典设计，与茶溪谷的自然美景相得益彰。小镇内配备了茵特拉根火车站、商业街、五星级的华侨城酒店及东部华侨城大剧院等丰富的休闲度假设施，营造出一种宁静、优雅的休憩环境。

湿地花园：位于茶溪谷的东南侧，占地约 38 万 m^2，是一个综合性的艺术空间，涵盖观光、生态科普、户外游乐和特色运动等功能。作为国内独一无二的生态艺术体验园和大地艺术展示区，湿地花园以“自然之美、生态之魂、艺术之光、运动之乐”四大特色吸引游客，为游客提供多样化的旅游体验。游客可以在这里体验包括游乐场、植物馆、花田、观光气球、山地自行车等多种活动。

茶翁古镇：这个古镇被茶田、竹林和古树所环绕，展现出传统的中式白墙青瓦建筑风格，亭台楼阁巧妙地布置于其中。茶翁古镇内设有半坡街、茶艺广场、茶艺坊、茶酒坊、陶艺坊和手工艺坊等区域。游客可以在这里品茶、尝茶酒、享受当地菜肴、观看茶戏，并亲自体验采茶、制茶和陶艺等活动。茶翁古镇不仅是一个茶文化体验和文化服务的中心，同时也是游客休闲度假的理想去处。

②大峡谷区域概述

大峡谷覆盖面积约 $5km^2$，位于深圳东部，能够鸟瞰黄金海岸线。以“林木、日光、地貌、河流、宇宙”为核心元素，该区域以对自然的深入探索为主题，融合了山地自然公园和城市特色公园的元素。大峡谷包括水上乐园、峡谷森林、海菲德小镇、生态谷、云海高地、华兴寺六大主题区。

水上乐园：面积达 2 万 m^2，包含室外探险海滩和室内探险岛两大部分。室外区域设有 $3190m^2$ 的造波池、$1360m^2$ 的人工沙滩，以及漂流河、跳水表演区。还设有可容纳 6000 人的观众席供游客观看精彩表演。

峡谷森林：由峡谷部落、栈道、花园、漂流和灯塔等组成。大峡谷瀑布宽 300m，落差 42m，是最壮观的人造海滨瀑布。峡谷漂流全长 960m，最高落差 20m，可穿越五星级瀑布酒店，为游客带来刺激的体验。

海菲德小镇：充满欧洲风格，包括仿真天空、剧场、商业街和美食区。天街上方装饰有长 130m、宽 18m 的 LED 天幕，为小镇增添独特风采。

生态峡谷：集合了多种互动式体验项目，如地心之旅、海啸模拟、丛林穿梭、山洪冲击、水上居住区和儿童乐园等，让游客在刺激中感受大自然力量。

云海高地：海拔 480m，是观赏整个华侨城的最佳地点，包含云霄飞轮、观景塔、挑战之峰、云端漫步等。云霄飞轮高悬于悬崖之上，为游客提供惊心动魄的体验。

华兴寺：占地 1.2 万 m^2，位于三大景区的交汇处。寺庙的核心是一座三面观音像，坐落于山顶之上。华兴寺是一处融文化与旅游于一体的园区，给人们提供精神启迪和生活智慧。

③云海谷体育公园

云海谷体育公园位于东部华侨城的北端，占地 $2.5km^2$，地势起伏落差达 127m，由国际著名设计师设计。

④主题酒店群概况

东部华侨城目前汇集了八家特色主题酒店，共提供大约 7000 个床位，这标志着中国首个以文化为主题的度假酒店的诞生。

茵特拉根城堡酒店：占地面积 5500m²，呈现出欧洲中世纪城堡的建筑风貌，是华侨城中所有主题酒店中定位最高的；茵特拉根酒店：这家五星级酒店以瑞士文化为灵感，拥有独特的花园大堂和城堡风格的套房；菩提宾舍：这座精品客栈强调简约和禅意，提供一种“宁静、自然、深邃、内涵”式的山居体验；瀑布酒店：隐于瀑布之中的五星级酒店，共有 94 间设计独特的客房，以“水”的主题贯穿酒店设计，融合了视觉、嗅觉和触觉元素；黑森林酒店：以德国黑森林著名的咕咕钟为主题设计；房车酒店：位于云海谷，以房车文化为核心，拥有 180 间概念客房和 4 辆豪华房车，将房车的活力与自由精神融入设计；火车营地：由 9 节特制火车车厢串联而成，集住宿、餐饮、商铺、创意展示于一体，是环保建筑的代表；咖酷旅馆：由集装箱建筑组合而成的环保旅馆，拥有 180 间富有个性的客房，代表着华侨城的绿色建筑理念。

⑤主题演艺活动综述

东部华侨城的主题演艺活动多样，包括了以下几种表演。天机：这是一场结合海、陆、空元素的跨界多媒体水上奇幻表演，以生命的起源和人类与自然的相互依赖为故事主线，旨在提升观众对生态保护和珍惜生命的意识；激情海菲德：这场歌舞表演展示了不同民族和国家的独特文化和风情；主题花车巡游：在节假日，华侨城会上演精美的花车巡游和方阵表演；咆哮山洪：这是一种融合了声、光、火、电、舞蹈、杂技和特效等多种艺术形式的情景剧类型表演；天音：使用仿照战国时代曾侯乙的编钟作为主要演奏乐器，通过音乐演绎了以观音赞为主题的佛教历史文化视听盛宴；天禅：这是一场以禅茶文化为主题的大型多媒体交响音画晚会，融合了多种艺术手段。

（2）东部华侨城的成功要素

①规划具体化

东部华侨城的规划从一开始就紧抓旅游需求，首先是基于自身的优势进行定位，注重创新（内容规划方面）；然后是对各建设项目进行实用性分析（功能规划方面）；接着是对项目布局和土地使用进行合理性分析（空间规划方面）；最后是考虑游客在游览、消费和体验产品上的时间分配，确保系统性（时间规划方面）。

②产品系列化

东部华侨城已经建立了一套完整的自主产品系列，涵盖了主题公园、小镇、酒店、演艺和地产等各方面内容，满足了游客的多样化需求。

③旅游模式综合化

该地区集成了各种旅游形式，如生态观光、科普教育、佛教文化、康体健身、休闲度假和网络虚拟游等，由单一旅游方式转变为复合型，为游客提供全面的体验。例如，康体健身游迎合了健康养生的趋势，网络虚拟游则满足了年轻人对时尚新奇的追求。

④文化创新与融合

东部华侨城融合了欧洲小镇文化与东方茶文化的精髓，巧妙地将东方的茶翁古镇与西方的茵特拉根小镇相结合。此外，该区域还成功融合了现代科技、虚拟互动产品与传统茶禅主题，形成了独特的文化魅力。总体来说，华侨城将全球的文化细节加以融合与创新，成为其开发模式的一大亮点。

⑤发展理念的前瞻性

东部华侨城在规划和建设过程中深入融合了生态、自然、文化、科普及体验等多元开发理念，展现了在文化旅游领域的综合创新。首先，实现生态旅游的新理念。东部华侨城在保护原有生态环境的基础上，采纳现代技术和先进经验，构建了与自然景观和谐共存的生态旅游目的地，为自然元素注入了更多的人文价值；其次，实现从都市向自然空间的拓展。位于深圳东部的华侨城，其设计和规划充分反映了与周边自然环境的互动，创建了一种远离城市喧嚣的休闲旅游新选择；最后，向休闲度假的转型。东部华侨城专注于休闲旅游元素的创建，强调生态环境的核心价值，综合集成了生态、户外、酒店及娱乐的功能，秉承“引导人们回归自然”的理念。

⑥规划设计的创新

遵循“精心规划即创造财富”的原则，东部华侨城科学制定了全面的规划策略，自主创新并开发了一系列具有独特特色和自主知识产权的项目，如“三镇”——茵特拉根小镇、海菲德小镇及茶翁古镇，“三街”——海菲德天街、茵特拉根花街及艺术大地水街，“三部落”——云中部落、天禅之旅及花钟教堂等。通过实施100多个景观项目，华侨城创造出众多“中国之最”的记录。

⑦文化主题的深度

一个文化旅游项目成功与否，关键在于是否有其深厚的文化底蕴。当前，众多项目虽投入巨资打造文化主题，最终却只呈现出浅层的娱乐效果，显现出急躁和缺乏深思的问题，给游客带来的仅是观光的体验，而缺乏深刻的文化体验。东部华侨城注重文化的深度融合，通过精心设计的休闲主题，让游客沉浸于东西方建筑美学中，体验多元的文化氛围和生活哲学。

⑧技术应用的创新

东部华侨城在景区建设中广泛运用了先进科技，实现了以下几种技术创新。第一，票务管理系统。引进了国际领先的GTS票务系统，实现了智能化的票务与门禁管理。第二，汇信通电话服务。作为国内首个广泛应用NGN网络技术的旅游项目，使得游客服务中心能提供全面的服务，包括咨询、门票预订、活动预约等。第三，电子商务平台。在茵特拉根度假酒店和矿泉SPA中心采用了电子商务平台，为游客提供便捷的服务体验。第四，LED展示技术。在景区入口处的多媒体LED屏展示不同的模拟旅游线路和景点视频，帮助游客选择适合自己的旅游路线，优化游览体验。

（五）文化旅游产业园区的挑战

随着文化和旅游产业的蓬勃发展，新兴的文化旅游产业园区应运而生。尽管发展速度惊人，但在快速扩张的过程中也遇到了一系列挑战。

1. 快速扩张引发的问题

受到积极的政策支持，全国各地纷纷投身于文化旅游产业园的建设浪潮之中。这种普遍的热潮中，有一些缺乏深入规划和创新思维的项目，这导致了园区之间的同质化严重，资源浪费和市场竞争加剧。

2. 土地利用的争议

文化旅游产业园的兴建往往涉及地方政府和开发商的合作。在没有明确可持续盈利机制的情况下，部分项目仅以文化旅游的名义进行土地开发，实则主要目的是占据宝贵的土地资源，进而转向房地产开发，忽略了文化旅游本质。

3. 产业化水平较低

目前，众多文化旅游产业园主要依托人文历史遗迹和自然生态资源来吸引游客，然而在文化创意和主题策划方面往往力度不足，主题模糊，缺少层次和深度，同时缺少引人注目的品牌和品牌效应的带动，使得产业收益过于单一。此外，一些园区未能构建有效的产业运营体系，其盈利模式过分依赖政府政策支持以及土地销售或租赁，难以实现可持续发展。

综上所述，当前的文化旅游产业园尚处于发展的初级阶段，面临的主要挑战包括创新能力不足、市场运营不成熟以及产业化水平较低，因此，它们更适合被定义为“准”文化旅游产业园。

（六）文化旅游产业园区发展策略

随着文化旅游产业的迅速崛起，其面临的挑战也日益显现，如盲目的扩张、忽视深度规划，以及对土地资源的过度开发等。面对这些问题，文化旅游产业园区的发展必须放弃旧有模式，采取新的战略方向。

1. 以创意为核心，体验为理念

文化旅游产业园区的发展离不开创新和独特的体验设计。园区的吸引力源于其能提供的独特文化体验和创新项目。开发过程中应深挖当地文化特色，利用新颖的思维和主题来丰富旅游项目，注重文化和旅游资源的有机结合。创新的方式为传统文化赋予新的生命力，确保游客能够在体验中感受到文化的深度和广度。

2. 构建大产业体系

围绕文化旅游核心构建一个涵盖旅游、文化及其他相关领域的综合产业系统。旅游与文化的相互转化和融合推动产业间的相互促进和共同成长，形成新的业态和产品。该策略不仅能促进消费者的全面消费，还能增强文化产业的价值，延伸产业链，扩大产业布局。其关键在于确保产业间的相互补充与共生，满足市场需求的同时预测未来发展趋势，促进园区整体的可持续健康发展。

3. 创立多元盈利模式

文化旅游产业的盈利模式设计是其成功与否的关键。一个有效的盈利模式应能够确保资金的快速回流，降低投资风险，同时保证长期稳定的现金流入和资产价值的增长。具体来说，可以构建以下三大盈利模式。

（1）经营项目盈利

这是最直接的盈利方式，包括门票销售、特色商品、餐饮服务等。园区提供高品质的服务和产品，直接从游客消费中获利。

（2）品牌盈利

打造独特的文化旅游品牌，利用品牌效应吸引更多的游客和投资，同时通过品牌授权、商品销售等方式实现盈利。

（3）价值增长盈利

长远来看，项目的价值增长是重要的盈利模式之一。这包括无形资产的增值（如品牌价值、知识产权）、有形资产的增值（如土地价值增长）等。

4. 要素全面发展，打造文化旅游目的地

为了建设一个成熟的、一流的文化旅游目的地，文化旅游产业园区需要在多个方面实现全面发展。

首先，全面满足游客需求。园区应全面考虑旅游六要素（吃、住、行、游、购、娱），避免因一方面的短缺而影响整体体验，全方位满足游客的需求。

其次，形成成熟的产业链。园区不仅需要旅游企业和文化企业的空间集聚，更重要的是实现产业的深度融合，形成从创意到消费的完整产业链。

再次，发挥区位优势。园区的选址应充分利用其区位优势，考虑便捷的对外交通、与目标市场的距离、区域基础设施的完善等因素，以增强吸引力。

最后，依托良好的大环境。园区的发展需要良好的社会经济环境作为支撑，包括市场的开放性、健全的法律政策体系、政府的支持和社区的参与等，这些因素共同作用，为园区的成功打下坚实基础。

五、探索旅游演艺新模式

旅游演艺作为文化与旅游产业深度结合的典型代表，已在国际上形成了较为成熟的经营模式，如法国巴黎的红磨坊、英国伦敦的西区剧院、美国纽约的百老汇等。这些地区的旅游演艺通过其独特的艺术魅力和商业模式，吸引了大量观众，成为推动当地旅游经济发展的重要力量。这些演艺文化区域不仅以门票收入为主要经济来源，而且通过演出间接带动了周边餐饮、住宿等行业的繁荣。

在我国，随着旅游市场的不断成熟，旅游演艺项目也呈现出多样化发展趋势，尤其是在旅游业发达地区，已经涌现出众多备受欢迎的旅游演艺品牌。这些演出通常围绕当地的民俗文化和自然景观展开，通过主题公园演出、自然景观实景演出、剧场巡演等形式，结合传统艺术表现和现代科技手段，为观众提供了置身梦境的观赏体验。旅游演艺的成功不仅在于其艺术的表现力和观赏性，更在于如何通过创新的方式结合当地文化特色，开发出具有吸引力的演出项目，从而实现文化传播和经济效益的双重目标。因此，探索和实践新的旅游演艺模式将成为文化旅游产业进一步发展的关键。

（一）旅游演艺模式构成要素

在商业运作的视角下，旅游演艺区别于传统的演出活动主要在于其吸引游客的能力，可创造亮点增加游客在当地的停留时间，产生经济上的正面溢出效应。这类演艺活动因其独特的吸引力和提升潜力成为旅游目的地的重要经济推动力。

旅游目的地推出的新演艺项目不仅丰富了旅游体验，同时有潜力转变为景区的新经济支柱。

1. 价值主张

旅游演艺的核心价值在于其能够融合独特的文化旅游资源、艺术概念或表演艺术样式。它通过创新地将表演资源与旅游景点相结合，赋予了演出更为丰富的主题和深度。旅游地点的自然景观和文化背景成为无穷的创作灵感来源。例如，《印象·刘三姐》开创了以自然风光为舞台背景的演出新模式；《云南映象》融合了传统与现代，展现出一场视觉和听觉的盛宴；《功夫传奇》以新颖的视角诠释了中国武术的魅力；《时空之旅》则利用先进的多媒体技术，带领观众进入一个奇幻的梦境世界。

这类根据地方特色文化、民俗资源及市场需求定制的旅游演艺项目，不仅彰显了其文化和娱乐的双重价值，还巧妙地融合了传统与时尚，有效地吸引了寻求新奇体验的游客。与传统旅游活动相比，这种演艺活动是对文化旅游资源的更深层的开发，是旅游产品创新的体现；而与常规的演出活动相比，其对传统文化的传承与国际时尚元素的融合，构成了其持续发展的动力，其产品特点正好符合市场发展的新趋势和需求。在日益增长的演出市场同质化竞争中，这种独到的价值主张使得演出组织能够更有效地捕获目标消费群体的注意力。

2. 消费者目标群体

经过对当前旅游演艺市场的细致分析，客源可划分为三大主要类别。首先，地方居民作为重要的消费基石，其重复消费的动力主要源自演出的娱乐价值。他们更倾向于选择旅游演艺而非传统表演，因为这能满足他们追求心灵愉悦和身心放松的需求。其次，个体商务游客群体具备较高的消费水平和广泛的选择权。他们在旅游消费决策中展现出较高的独立性，具有多样化需求，因此，旅游演艺独特的价值吸引显得尤为重要。最后，组团旅游客人因行程紧凑和时间有限，多数情况下观赏旅游演艺是基于旅行社的推荐或团队行程的一部分。要吸引这一客群，关键在于准确把握旅行社和团队市场的需求特点。

针对旅游演艺的特定消费群体，其营销策略需聚焦于满足游客的核心需求。旅游演艺之所以能持续吸引观众，关键在于其能不断引入新鲜客源，确保演出的持续活力，从而有效延长产品的生命周期。这一目标群体追求新颖和差异化体验，随着大规模旅游成为趋势，以及公众对休闲娱乐活动需求的日益增加，传统的观光模式已无法满足他们的需求。他们渴望通过观看旅游演艺获得更深层次的文化沉浸体验。旅游演艺作为一种专为旅游者设计的娱乐产品，不仅保持了艺术表演的专业性，更加强了娱乐性，旨在让游客在观赏的同时实现身心的放松和愉悦。

3. 分销渠道与合作伙伴网络

在当前旅游演艺项目的发展过程中，已形成了较为牢固的合作网络，这涵盖了旅行社、演艺生产团队和地方政府等关键参与者。与传统表演艺术组织相比，旅游演艺项目因其更广阔的合作伙伴范围和分销通道而独具优势，这种合作模式的形成正是其商业模式成功的重要表现。从旅行社的视角来看，旅游演艺以其独特的方式生动地呈现了目的地的文化特色，极大地提升了旅游目的地的吸引力。由于旅游演艺项目通常与旅游景点地理位置相近，简化了旅行路线的设计和组织，同时团体购票还能享受优惠，这为旅行社带来了额外的经济收益。

对于旅游演艺生产单位而言，与旅行社等合作伙伴的紧密合作保证了持续的观众流入，有助于延长演出项目的生命期，扩展其价值链。此外，旅游演艺项目的成功运作需要依赖表演者、舞台设计、照明、音响技术、导演、作曲家、编剧及舞台监督等专业人员的合作，形成一个多元化的专业团队，以确保演出的高质量和专业性。从地方政府的角度考虑，成功的旅游演艺不仅能够促进地方文化遗产的挖掘和文化传播，还有助于提升目的地的品牌形象，吸引更多游客，从而直接增加旅游收益，间接促进地方经济的全面发展。地方政府通过支持旅游演艺项目，不仅能够丰富当地的旅游产品供给，还能带动就业、促进当地文化产业和相关服务业的发展。

4. 价值配置与核心能力

在旅游演艺领域内，价值创造和核心竞争力的构建主要依赖于对各类资源的有效整合，包括文化遗产、旅游景点、表演艺术、专业人才以及资金资源。与传统表演艺术项目相比，旅游演艺涉及的资源更为广泛，这也导致了其运营模式的复杂性。如何将本土的文化和旅游资源有效地融合进演出内容中，如何构建起一个资金投入高效的旅游演艺融资体系，如何维持与合作伙伴间的战略合作关系，以及如何在旅游产业链中占据关键地位等，这些都是衡量企业价值配置和核心能力的重要方面。

我国在旅游演艺领域取得显著成就的项目，无一例外都展示了在资源整合和价值创造上的卓越能力。这些项目不仅成功地将地方文化和旅游资源转化为观众的视觉和心灵享受，而且建立了有效的投资和融资机制，良好的合作伙伴网络，以及在旅游产业中的重要地位，从而推动了旅游目的地周边产业的发展，实现了良好的社会和经济效益。对于旅游演艺企业而言，能否发挥其在资源整合、文化内容创新、资本运作、合作伙伴关系管理以及市场定位等方面的能力，成为其能否在竞争激烈的市场中脱颖而出的关键。这要求企业不仅要深入挖掘和利用地方的文化和旅游资源，还要不断创新演出形式和内容，同时，还需要建立起高效的运营管理体系，以确保项目的成功实施和可持续发展。

（二）典型的旅游演艺商业模式

构建旅游演艺的商业模式是其成功融入市场的关键。拥有符合市场需求的商业策略，旅游演艺项目才能增强在市场中的竞争力，有效地调配演出资源、资金及人才，把握资源优势，促进产业和经济效益的提升，达到经济与社会双赢的目标。通过分析国内外旅游演艺发展的成功案例，以下几个策略对于探索适宜的商业模式尤为关键。

1. 基于“蓝海战略”的商业模式

“蓝海战略”这一概念首次在2005年通过《蓝海战略》一书向世界展示，它通过将市场界定为竞争激烈的“红海”和未被开发的“蓝海”，强调了在未来竞争市场空间创造需求和利润快速增长的重要性。这一战略的核心在于价值创新，即企业要在市场中脱颖而出，必须寻找或创造新的市场空间而非在已有的竞争市场中争夺份额。

在旅游演艺领域，张艺谋的“印象系列”便是运用“蓝海战略”的杰出例证。2004年，《印象 · 刘三姐》不仅开启了中国旅游演艺的新纪元，也为广西的旅游与文化产业注入了新的活力，成为国内外知名的文化旅游品牌。该系列通过将演出与自然景观结合，开创了利用自然景观作为表演背景的全新演出模式，如《印象 · 丽江》《印象 · 西湖》《印象 · 海南岛》等作品，均以独特的地理文化作为基础，展现了各地不同的自然美景与文化特色。

“印象系列”的核心创新在于它将真实的自然景观转化为舞台的一部分，从而颠覆了传统剧场的限定，将观众带入一个开放而真实的表演空间中。这种独特的实景演出方式不仅为观众带来了前所未有的观赏体验，也使每一场演出因地制宜展现出不可复制的地域特色，从而实现了主题的独特性和市场的差异化。这种演出模式有效地突破了旅游季节性的限制，利用各个季节的特点，为观众提供了多样化的视觉享受，从而吸引了更广泛的观众群体。《印象 · 刘三姐》的成功案例不仅重塑了桂林的旅游形象，还形成了一个完整的产业链，促进了当地经济的全面发展，从演艺收入到旅游带动，再到房地产升值及就业机会的提供，最终实现了品牌影响力的提升和投资价值的增长。

正是基于这种创新的“蓝海战略”，张艺谋的“印象系列”不仅在文化艺术上取得了巨大成功，也在商业模式上展现了其独特的魅力，为更多地区提供了发展旅游演艺的新思路。这种模式的成功实施证明了通过创新和整合资源，可以突破传统市场的局限，开辟出新的蓝海领域，实现文化与经济双重效益的增长。

2. 基于连锁经营的商业模式

杭州金海岸文化发展股份有限公司（以下简称杭州金海岸）以其创新的经营策略，引进连锁经营模式至文化艺术市场，将连锁经营模式成功应用于旅游演艺产业，从而开辟了一条文化艺术产品标准化与流程化的新路径。连锁经营通常见于餐饮和零售行业，其依靠“复制”成功的商业模式在不同区域扩展，以此实现统一的品牌管理和服务标准。此模式的核心优势在于通过网络扩张，提高市场占有率。杭州金海岸正是基于这一模式，将其延伸至文化旅游演艺领域，形成了一种独特的、规模化的经营方式。

杭州金海岸作为国内首创的演艺连锁企业，已成功打造了《西湖之夜》等知名旅游演艺项目，在杭州、济南、上海等地设立连锁演出场所。这种创新的商业模式，不仅解决了文化艺术产品难以标准化的问题，而且通过规模化、专业化的运营，提高了文化艺术产品市场中的竞争力。杭州金海岸的成功，归功于其独特的价值主张——通过提供娱乐性质的旅游演艺产品，引领“大众娱乐消费”的新潮流。在内容设计上，杭州金海岸力求融合艺术性、娱乐性与休闲性，而其场馆设计既有传统剧院的元素，又融入了歌舞娱乐场所的风格，针对不同地区的文化特征和游客需求，量身定制出独特的旅游演艺项目。

杭州金海岸洞察到了文化旅游市场的广阔前景，因而选择了以连锁经营的方式进行全国性的拓展。基于本土的强基础，它不仅在杭州开辟了先河，而且迅速在浙江的义乌、诸暨、金华等城市，以及江苏、山东等地区扩展其连锁网络。这种连锁模式不仅是杭州金海岸的核心竞争力，也是其持续成长和发展的关键。展望未来，金海岸计划在保持连锁模式稳健发展的同时，进一步深化品牌特色，确立了在全国文化创意产业中的领导地位。此外，杭州金海岸还致力于构建文化产业基地，包括艺术培训、艺术创作和全国连锁配送中心，旨在培育更多演艺人才，创作更多艺术精品，同时探索和开发先进的艺术管理和舞台科技，从而在软硬件资源上为杭州金海岸的进一步扩张提供坚实的支持和保障。

3．基于规模经济的商业模式

规模效应指的是企业通过扩大生产规模实现成本下降的经济现象。这是因为在生产过程中，固定成本分摊到每个产品上的比例随着产量的增加而减少，从而降低了单位产品的成本。为了达到更高的经济效益，企业需要找到其最适合的经济规模，并围绕这一规模开展生产和经营活动。当企业经营活动达到某一最佳规模，即可实现规模经济，获得最大的经济收益。

华侨城通过旅游演艺的创新，极大地丰富了文化旅游产业的内容。从首次推出的旅游晚会《艺术大游行》开始，华侨城陆续推出了《创世纪》《跨世纪》等一系列多样化的演艺项目，建立了完整的演出体系。随着华侨城在全国范围内战略布局的深入推进，其各地的景区和艺术中心每天都有多场大型文化演出及近百场的小型表演活动，旅游演艺的引进不仅让华侨城的主题公园从传统的观赏转变为动态的体验，也使游客的参与方式更加主动，从单纯接收信息到深度情景体验。

华侨城的“景区＋演艺”模式，即通过旅游演艺探索主题公园的差异化竞争，将传统的观光模式转变为包含小型村落表演、大型广场艺术展示及区域性节庆活动等多样化的文化体验，既丰富了游客的旅游体验，也增强了华侨城作为旅游目的地的吸引力，从而确立了其在竞争激烈的市场中的核心地位。另外，华侨城采取的“酒店＋演艺”模式将华夏艺术中心改造并与旗下酒店相结合，形成了类似拉斯维加斯的新型模式。这种模式不仅提升了酒店的竞争优势，还确保了演艺中心的稳定客流。华侨城集团还通过成立华侨城国际传媒公司，进军影视产业，制作了《绝对权力》等多部影视作品，实现了“影视＋演艺”的创新组合模式。这一战略不仅延伸了华侨城的产业链，也为旅游演艺注入了新的活力。

通过这些创新模式的实施，华侨城不仅在文化旅游产业中创造了显著的经济效益，也推动了相关产业的发展，形成了一个产业链条，促进了地方经济的综合发展。这些商业模式的成功实践展示了华侨城在规模经济实践中的独到见解和创新能力，为其他企业提供了宝贵的经验。

4．基于资源整合的商业模式

在转型前，丽江的民族歌舞团面临着前所未有的挑战，年度演出数量寥寥无几，主要集中于文化普及活动期间，且演员的月薪仅为几百元。为了寻求突破，丽江市政府和市委经过深入研究，决定将这一文化单位作为改革试点，将其推向更广阔的市场。此举涉及与深圳能量公司合作成立了丽水金沙演艺有限责任公司（以下简称丽水金沙），这一新成立的公司采用市场化的管理制度，涵盖了从项目策划、创作到市场推广的全过程。政府将丽江国际民族文化交流中心租赁给该演出团队作为他们的演出基地，而能量公司则负责提供资金支持，对演出场所进行必要的升级改造，包括舞台美术、照明、布景以及节目的排练等。

改革不仅需要外部支持，更需要自我革新，即所谓的“自我造血”。在丽水金沙的企业化改革过程中，涉及对演艺团队成员和资产的重新整合。原本属于丽江市民族歌舞团的成员有的转变为演艺公司的员工及股东，有的则根据个人意愿选择其他职业道路，或者根据政策提前退休。此外，丽水金沙还建立了一套基于公平竞争的管理机制，确保员工的收益与其工作努力程度直接挂钩。

通过这一系列的资源整合和机制创新，丽水金沙成功地将其内部和外部资源优势转换成了市场竞争力，孕育出新的市场实体。目前，丽水金沙已将发展焦点转向品牌化战略，持续优化文化产业链结构，拓展其业务范围，并加强与旅游行业的协同合作，有效地开辟了文化产业的新市场空间，推动了文化与旅游的互动发展，实现了两者的共赢。这一改革不仅为丽江市民族歌舞团带来了新生，也为地方文化旅游产业的发展开辟了新的路径，展示了文化产业转型升级的典范。

5. 节庆演出基地商业模式

在当代旅游和文化产业中，节庆演出基地的商业模式已经成为一种创新的经营策略，该模式通过融入创新的设计理念，改变传统节庆活动的组织方式，包括场地的创新使用、活动形式的多样化、内容的重新组织以及宣传手段的更新，从而提升节庆活动对观众的吸引力。以华侨城为例，该公司成功地将创意节庆融入其文化旅游项目中，打造出了一系列持续吸引游客的经典节庆品牌活动，如傣族泼水节、国际啤酒节、国际魔术节以及玛雅狂欢节等，这些活动不仅丰富了游客的体验，也成为华侨城旅游文化的标志性事件。华侨城通过这种节庆演出基地的商业模式建设，有效地将节庆活动转化为旅游和文化产业的重要组成部分，实现了文化和旅游的深度融合。这种模式的核心在于创造性地设计节庆活动，使其不仅仅是传统意义上的庆典，而是成为一种全新的、能够持续吸引游客的文化旅游产品。

六、由“城市综合体”向“文化旅游城”转变

（一）文化旅游城内涵

文化旅游城代表了城市发展与旅游产业融合的新趋势，它是在特定的文化旅游创意和土地资源的基础上，通过土地的综合开发，以文化旅游休闲和娱乐为主

导，形成的一个高品质服务的文化旅游休闲聚集区。这一概念的形成和发展不仅是旅游综合体和城市综合体向更高层次的演进，而且是对城市功能和旅游功能高度集成的体现，标志着城市与旅游之间互动发展的新阶段。

文化旅游城的核心构架以度假酒店集群、综合休闲游乐项目及休闲地产社区为主，这种构架不仅聚焦于提供多样化的文化旅游休闲体验，同时也强调了整体服务品质的提升。与传统的旅游吸引物相比，文化旅游城更注重于提供一个多功能、高品质的休闲游憩空间，使之成为旅游者、度假者乃至当地居民的理想选择。

旅游综合体和城市综合体的概念虽起源于建筑综合体，但文化旅游城的发展超越了这些概念的原始范畴。建筑综合体通过将办公、住宿、餐饮、商业等多种功能融合于一体的综合建筑，为城市活动提供了多元化的空间。城市综合体则在更大的空间上，融合商业、住宿、办公、娱乐等复合功能，成为城市发展中功能高度聚集的街区群体。文化旅游城则在此基础上，进一步扩展和集聚城市功能，特别强调文化旅游休闲活动的核心地位，将多种功能服务集聚于文化旅游的主题之下，形成以文化旅游为主导的休闲游憩地带。

文化旅游城的形成和发展，打破了传统旅游吸引物的局限，不仅依托于区域内完备的文化旅游产业链和多样化的服务设施来吸引度假者和观光游客，同时也融入当地居民的日常生活中，成为居民休闲娱乐的理想场所。这种模式的实现，不仅促进了当地文化旅游产业的发展，同时也推动了城市空间的优化和社会经济的全面提升。

（二）文化旅游城目标——“一站式体验”

在 20 世纪后半叶，随着社会服务需求的不断增长，西方国家启动了一场旨在优化公共服务的改革浪潮，其间，“一站式”服务概念应运而生。这一服务模式旨在通过单一接触点完成所有服务交付，极大提高了服务效率和顾客满意度。在旅游领域，这一概念被引入，形成了旅游产品的“一站式”服务模式，即游客可以在一个地理位置集中的区域内获得全面的服务，满足其从住宿到娱乐的全部需求。

“一站式体验”的发展是基于产业聚落理论，并且受到“一站式”服务理念的启发。产业聚落理论认为，相同或相关产业的地理集中能够带来经济效益的集聚和区位优势。在文化旅游领域，这意味着旅游目的地、服务提供者、管理机构以及开发商等的集中布局，这不仅能产生规模经济效益，还能通过产业配套和服务整合形成旅游景点的聚落，为游客提供丰富多样的旅游体验。

结合产业聚落、体验经济以及“一站式”服务理念，文化旅游城的“一站式体验”定义为在文化旅游服务提供中，以游客的全面体验为核心目标，依托于旅游景点、管理团队、服务企业与开发商之间的紧密合作，构建一个全面、连贯的服务体系。文化旅游城不仅是一个集合了居住、工作、文化消费与生产的综合空间，还是一个充满多元化和灵活性的环境，为城市景观注入新的活力与意义。

通过其创新性的服务模式，文化旅游城不仅重新定义了旅游体验，也为城市带来了独特的文化特色和生活方式。这种模式的成功实施，不仅满足了游客对于高质量服务的需求，也推动了旅游目的地及其周边区域的经济发展，促进了文化旅游产业的繁荣。文化旅游城作为一种新型的旅游发展模式，展示了如何通过综合服务和体验设计来提升游客满意度，实现文化与旅游的高度融合。

（三）文化旅游城的特征

文化旅游城的形成标志着文化旅游产业进入了一个新的发展阶段，这一现象不仅是对文化旅游消费模式、景区发展模式以及地产开发模式的全面升级，而且预示着它将成为推动中国文化旅游产业全面提升的关键力量。这种综合性的旅游开发模式通过整合文化、旅游与地产三大要素，形成了一个具有独特特征的新型城市形态，其核心特征有以下几点。

1. 文化旅游创意与土地为基础

构建文化旅游城的根基依托于创新思维和地块资源的有效利用。其核心关注点在于，创意的引入和实施是推动文化旅游城向前发展的驱动力。关键任务是探索方法，将所在地的自然风光及文化遗产转换为拥有魅力的旅游景点。此外，对土地的掌握及财力的支持决定了文化旅游城的发展幅度和其内部服务与设施的布局。简而言之，如何有效配置和使用土地资源，以及资本的投入，将直接影响到文化旅游城的建设规模及其旅游产品的多样性。

2. 文化旅游休闲游憩功能为主导

文化旅游城以提供休闲和游憩体验为核心目标，此一属性在文化旅游综合体的发展中占据中心地位。在这种综合性发展模式中，娱乐、健身、度假、购物、会议及观赏等多样化的活动被纳入规划之中。在具体实施项目时，这些多元功能的融合需遵循针对性和重点发展的原则，不是简单的叠加，而是要根据实际需求和特定目标，专注于发展一项或数项关键功能。

3. 土地综合开发为手段

文化旅游城的构建，根本上采用的是围绕文化旅游产业需求的土地多元开发策略。这一策略意在通过土地的全面利用，实现功能多样化与业态丰富化的空间集成，以促进文化旅游的兴盛，增加土地资产价值，激发相关产业链的增长，促进文化的交流互鉴。该过程旨在通过高效的土地使用，达到投资回报的最大化。

4. 休闲地产产品为配套

在文化旅游城的建设中，配套的休闲地产产品不仅涵盖了度假型酒店、商业休闲空间以及住宅区这三个主要范畴，还扩展到了包含创新概念地产、老年人生活社区、教育资源丰富的居住区等多样化的特色地产项目。这些休闲地产构成了文化旅游城中的关键收益来源和资金调节的核心环节。

5. 较高品质服务为保障

在文化旅游城的发展进阶中，提供高标准的服务是其成功的关键。这种升级后的旅游模式依赖于优质服务的支持，要确保能够顺利运作，并最大化地利用产业的集中优势。

6. 高风险高收益性为特点

文化旅游城的项目通常具有较大的规模，涉及庞大的建设与运营资金，以及品牌推广的投入，导致投资回报周期较长。项目的盈利潜力受到多种外部因素，如地区经济状况、交通便利性、人流量以及政府策略等的影响，使得经营风险增加。然而，随着市场从传统的观光旅游向休闲度假旅游的转变，文化旅游城在投资开发中展现出的巨大潜力也预示着高收益的可能。

（四）文化旅游城开发模式

1. 综合打造为指引

构筑文化旅游城的核心策略在于全面的构思与实施，这不仅是其显著特点，同时亦是建设过程中的首要原则，具体涵盖以下四个关键维度。

（1）土地的综合开发

对于土地资源的全方位利用，文化旅游城的形成根植于对休闲旅游需求导向下的土地全面开发。这一过程采纳了“资源多元化、利用综合化”的理念，旨在通过挖掘地域内自然景观、历史遗迹、文化特色、生态环境及地方产品等多元资源，整合创造出具有独一无二，具有吸引力的休闲、度假、娱乐和体验活动，以满足不同市场阶段的需求。

（2）产业的综合发展

关于产业的全面发展，文化旅游城展现了从单一旅游项目向旅游综合体转型的进程，其中融合了包括房地产、商业贸易、会展业、创意产业、体育活动和文化艺术等多个领域的泛旅游产业链的发展，各类文化旅游城根据自身特色有所侧重。

（3）功能的综合配置

在功能配置上，文化旅游城的设计超越了传统旅游目的地的范畴，通过集成多样的旅游功能，实现了功能多样性的融合与优化搭配。

（4）目标的综合打造

就综合目标的实现而言，一个成熟的文化旅游城有潜力演变为城市的特色功能区、新兴的旅游休闲地标以及城市文化的新亮点，这个多维度的目标框架已经远远超出了传统文化旅游区域的定义和范畴。

2. 定位突破为先导

当前，越来越多的投资者将目光投向文化旅游城的建设，市场的竞争预期变得更加激烈。因此，对于文化旅游城的开发来说，实现独特的市场定位成为关键的先行步骤，主要涉及以下两个关键维度。

（1）区域功能定位

针对区域内旅游一体化的大背景，文化旅游城需明确自身的功能特色，找到其在更广泛的区域旅游发展中的精准位置。这不仅是文化旅游城融入区域性旅游网络的基础，也是发掘并利用自身相对优势的表现。

（2）开发主题定位

就开发的核心主题而言，文化旅游城必须紧贴市场脉络，打造具有独特魅力的主题概念，充分整合地区的自然景观、历史文化遗产及社会资源，展现出独一无二的特色。寻找并确立文化旅游城的核心主题不仅是其文化内涵和特色氛围构建的关键，也是实现市场差异化、吸引游客的核心所在，对于整个项目的成功至关重要。

3. 功能构架为核心

在建设文化旅游城的过程中，确立其功能结构是项目成功的关键。文化旅游城的设计并非将众多功能简单叠加，而需深入探讨其核心职能、相互作用及交互机制。经验表明，每一个成熟的文化旅游城都是围绕“主要吸引力核心、休闲集中区和扩展增长区”这三大核心环节展开的。因此，开发一个文化旅游城本质上涉及建立一个有吸引力的中心点，发展一个供游客休闲娱乐的核心区域，以及营造一个有利于未来发展的扩展区。

（1）打造核心吸引中心

建立一个核心吸引点是根据市场动向，通过原创性融合与开发关键资源，形成一个或若干个具有代表性的旅游和休闲核心项目，如景点游览区、专题乐园、温泉休养设施、赛事场地、电影制作基地、具有特色的商业街、高端高尔夫球场或者具有特色的住宿设施等。这一核心吸引区域的构建是吸纳游客、增加地块价值的主要途径。在文化旅游城的发展中，这一步骤要求对旅游产品进行深度的探索与创新，以确保其成功实施。

（2）构造休闲聚集中心

建立休闲集中区域旨在以核心吸引项目引导的客流来满足更广泛的休闲需求，通过提供一系列综合性休闲产品和服务来实现。这一区域内汇聚了包括特色住宿设施、商业街区、表演艺术、体育活动场所、水域娱乐、冬季运动设施、马术中心、健康养生服务等在内的多样化休闲选项。核心吸引力项目负责初步吸引游客，而要持续吸引游客并促使他们增加消费，则需通过提供丰富多样的休闲活动选择来实现，进一步将其转化为目的地的持久魅力所在。简言之，休闲集中区是文化旅游城提供主要服务和游客体验的核心区域。

（3）创造延伸发展中心

延伸增长区域致力于扩展相关的商业活动、综合旅游及现代服务行业。对于构建文化旅游城而言，实现对土地利用的最大经济效益，关键在于通过增长延伸来实施。这通常涉及开发以休闲为主题的住宅社区、商务会议设施、创意文化产业园区，以及推进现代化农业和服务行业等，共同构筑一个全方位旅游产业的发展体系。在目前的经济结构中，房地产发展成为补充旅游细分市场收益较低的有效途径，特别是休闲房地产成为扩展发展领域中的核心，涵盖了豪华住宅区、假日公寓、康养社区、研究开发中心、创意产业园及企业总部等多样化业态。

4. 操纵运营为支撑

在开展文化旅游城的发展项目中，考虑到其开发的复杂性和存在运作的挑战，投资者要面临两个核心注意点。

（1）寻求专业化、落地化的高水平智力支持

必须依赖于专业且实践经验丰富的智力支持，以确保项目从概念到实施阶段

的顺利进行。这意味着投资者需要聘请一个既懂得文化旅游行业的深层次需求，又具备综合项目管理能力的专家团队。这个团队应该能够整合不同专业领域的知识，包括但不限于旅游产品开发、酒店和度假区规划、休闲房地产市场分析、投资管理以及项目运营策略等。寻找能提供从项目策划到最终落地执行的一站式服务的顾问机构至关重要。一个成功的文化旅游城项目不仅需要具备鲜明的项目理念和坚实的规划基础，还需要在设计和运营阶段注入活力和持续的生命力。因此，选择一个能够提供全面咨询服务的机构，对于确保项目能够按照预期目标成功实施是不可或缺的。这样的机构应覆盖项目规划、设计、实施以及后期运营的全过程，帮助文化旅游城以创新的方式吸引游客，实现收益的持续增长。

（2）选择特色化、创新型的高水准运营模式

在构建一个成熟的文化旅游城时，综合管理和运营的标准极为严格，需确保策略的全面性、持续性与高品质。在操作层面，主要有两种方式可行。首先，采用自主开发和运营的策略。国内能够单独承担此类项目的公司非常少，主要包括那些规模较大的文化旅游公司或经过多年转型专注于文化旅游的大型房地产公司，如华侨城集团、中旅集团、长隆集团、方特集团、万达集团等。其次，实施集中开发和合作运营的策略。这种方式下会诞生专门的运营实体——文化旅游城运营公司，这相当于城市或区域性的运营商。这类运营商负责项目的整体规划与开发，同时充当招商、融资和市场营销的平台，进行初级及部分开发，即自行开发和运营自己擅长的部分项目，而将其他项目通过策略合作伙伴进行落地和运营，如酒店业、商业区、娱乐设施等。以万达文化旅游城为例，当年迪士尼乐园进驻上海的消息传出后，一片欢呼声的背后则是国内众多主题乐园面对迪士尼乐园表现出的沉重，缺乏竞争者的窘境也反映出当下国内旅游产业和文化产业有待进一步发展。万达文化旅游城的出现，将和迪士尼展开竞争，万达文化旅游城拥有庞大规模、丰富多元的内容、极高的创新度以及先进科技应用。万达文化旅游城凭借其深厚的文化底蕴，成为与迪士尼乐园竞争的关键力量。

万达文化旅游城的建设者是北京万达文化产业集团，该集团为世界第二大不动产商万达集团的文化产业运营平台。在万达集团的文化和旅游版图中，文化旅游城只是其中的一部分。万达拥有包括表演艺术、主题乐园、影院连锁、电影技术娱乐等多达九种不同的文化旅游业务板块。显然，除了万达城以外，这些板块主要聚焦于创意内容制作，而万达城则作为这些创意和文化产品的展示平台。

文化旅游产业投资回报期长，很难“赚快钱”，但不动产开发迟早会饱和，

开发文化旅游城是为了储备新的核心竞争力。就文化旅游城来看，其投资起步资金巨大，这就排除了很多竞争者。更重要的是，文化旅游城项目需要较强的创新能力，很多企业不具备这一能力。此外，还要有相当的资源整合能力，需要在全世界范围内整合艺术大师、顶尖科技人员人才。而万达集团与顶级艺术大师和设计公司签订的是排他协议，给万达文化旅游城使用，就不能在其他地方出现。

万达集团在哈尔滨、合肥、南昌、青岛、无锡等地都有万达文化旅游城。万达文化旅游城有以下几个方面的特征。

①地域性

万达集团大约在全国布局十座文化旅游城，由于各地的文化特色、风土人情不同，万达在文化旅游城建设中使用的表现形式也不尽相同。每座文化旅游城将充分挖掘、吸收、表达本地文化，体现鲜明地域文化特色。以江西省的自然美景和景德镇陶瓷的文化深度为例，南昌万达文化旅游城通过定制的大型舞台表演和室外主题公园设计，巧妙地将江西的地方文化精粹融入其中。哈尔滨的冰雪主题和西双版纳的热带雨林主题，同样体现了万达对地域特色的深度利用。无锡项目则通过引入本地文化元素，展现了无锡的文化特色，其中一个灵感来自宜兴紫砂壶的世界级展示中心，以及由国际知名的舞台艺术大师策划及导演，以无锡历史文化为主题的顶级舞台秀。此外，电影乐园的 3D 体验馆以“水漫金山”和“后羿射日”等当地神话故事为主题创作，进一步巩固了万达文化旅游城项目的独创性和特色性，展现了万达在多样化设计中的创新能力，使得每个文化旅游城项目都具有明显的地域标识和文化内涵。

②规模性

万达文化旅游城的开发展现了其在投资和规模上的宏大。以无锡万达文化旅游城为例，该项目位于滨湖区，覆盖超过 200km^2 的土地，总建筑面积达到 340 万 m^2，总投资额高达 400 亿人民币，文化旅游相关的直接投资则为 210 亿。酒店区域规划包括 6 个度假酒店，涵盖不同等级，总计提供 3500 间客房和 5000 个床位。此外，滨湖酒吧街占地 2 万 m^2，吸引了多家国际知名的酒吧和音乐吧入驻。这一项目预计将为当地创造约 3 万个工作岗位。而青岛的国际文化旅游城则规划有文化产业园、展览中心、汽车表演区、万达城、休闲酒店、游艇展览以及滨海酒吧街等多功能区域，覆盖了影视制作、文化旅游、展览服务、时尚购物等多个领域，旨在将其打造为青岛西海岸乃至全城的文化旗舰地。

③复合性

首先从内容看，相比于以室外项目为主的迪士尼，万达文化旅游城分为室内和室外两个部分，以室内项目为主，这样安排的最大好处在于避免了气候对玩乐的影响。其次从布局看，占地巨大、功能复合的万达城，为主题公园提供了庞大的配套支撑，这是万达城远胜于一般主题公园的巨大优势。游客可以真正满足从玩乐到餐饮、住宿、购物、休闲等一站式的需求。万达文化旅游城的项目众多，项目之间功能互补，形成了多元化的产品体系。无锡万达旅游城融合了文化、旅游、商业和住宿等多重元素，由精彩纷呈的大型舞台演出、户外主题乐园、度假酒店群以及热闹的酒吧街等多个部分构成。为了提供不受天气影响的全天候旅游体验，项目还特别规划了一个庞大的室内旅游综合体——万达 MALL。该商场内部设施丰富，包括电影科技乐园、针对儿童设计的主题乐园、室内水上乐园、滑冰场以及电影院等，确保游客在任何天气条件下都能享受到多样化的文化旅游活动。万达城作为“万达文化”的终端平台，将不同类别的文化项目组合在一处，形成一套完整互动的文化、旅游产业链，是万达集团在中国乃至世界文化领域的一次创举。迪士尼只是主题乐园、环球影城只是影视娱乐、拉斯维加斯也只有“秀场”，万达城则将它们融为一体。

④科技创新性

万达文化旅游城创新科技的含量是革命性的，万达文化旅游城将展现的东西将是革命性的文化旅游产品。世界上首个 0～15 岁的室内儿童主题公园设有太空体验馆、职业体验馆、科技体验馆等多个儿童互动游乐场馆。室内水乐园引进了世界最新科技的水中娱乐设施，多台大型设备为无锡万达城专门独家定制。室外大型主题乐园造景具有无锡传统文化特色，设有高度 150m 的中国最高过山车和时速 200km/h 的中国最快过山车。所有的项目，如儿童乐园等，万达文化旅游城都拥有知识产权。

七、推进文化旅游产业集团化建设

推动文化与旅游产业的融合是为了创造一系列具有竞争力的文化旅游企业群体，这些企业群体能够整合文化创意产品的开发、销售与旅游服务以及促进文化交流，旨在国内外建立品牌优势。尽管如此，与国际上的同类大型企业群体相比，我国在这一领域内的企业通常规模较小，业务范围较为有限，且面对市场风险的抵御能力亟须加强，文化与旅游产业的融合效应尚未充分展现。为了更有效地促进文化与旅游产业的共同发展，必须激励文化与旅游领域的企业进行制度上的创新，鼓励这些企业之间进行重组，以形成规模较大的文化旅游企业群体。同时，这些企业群体应致力于文化与旅游产业的多样化经营，进而更有效地利用文化与旅游产业之间的相互作用。

（一）文化旅游产业集团化的界定

在当代的文化与旅游产业融合进程中，形成以重要文化旅游资产为核心的企业联合体成为一种趋势。这种联合体通过资本对接或合作运营模式聚集了从事于提供文化旅游服务的多种机构。作为一种特殊的产业结构，旅游集团通过规模扩张和资源整合，实现了比传统单一旅游机构更强的市场竞争能力。

从狭义上讲，这种集团化表现为多个文化旅游相关企业的联合，形成具有集体实力的大型集团公司。这样的结构不仅为集团内的企业提供了更为强大的资金支持，使其在财务操作，如贷款和资本融资等方面具备较大的优势，还能在市场中占据更有利的地位。而从广义上讲，该集团化的概念扩展至围绕一项或多项关键文化资源构建的更为复杂的系统。该系统涵盖了文化产业、旅游产业以及其他相关行业和支持服务，它们通过专业化的分工和合作伙伴关系共同工作，形成一个功能互补、资源共享的网络。这种集团化不仅促进了服务资源的共享，增加了地区的文化旅游吸引力，还通过资源的高效配置，提升了整个地区文化旅游产业链的竞争力。

（二）文化旅游产业集团化的分类

为了更明确地认识文化旅游集团的内涵，可以从不同角度来分析文化旅游集团的类型。

1. 政府引领型文化旅游集团和市场驱动型文化旅游集团

在文化旅游产业的发展过程中，集团化被视为优化产业组织结构、促进产业发展的关键策略。这种策略根据主导力量的不同，分为由政府引领和由市场驱动两种模式。

政府引领的文化旅游产业集团化模式是在政府的主导或指引下形成的。这种模式主要是政府针对文化旅游产业发展的需求，采取策略主动参与集团的建设和发展。这包括将国有的文化和旅游企业进行改革，采用全资注资、合并改造或授予特许经营权等方式，快速实现企业的集团化目标。此外，还涵盖政府推动地方文化和旅游企业通过签订契约来形成战略联盟的方式。

市场驱动的文化旅游产业集团化发展模式是在成熟的市场体系背景下，由产业自身的发展动力和市场需求推动的。在这一模式下，随着文化和旅游产业的不断成熟和扩展，企业通过并购、投资等手段不断扩大规模，形成了效益较好的大型企业集团。同时，面对市场竞争的压力，文化和旅游企业也会自发地选择合并或建立联合体，以增强竞争力和市场份额。

2. 以资本为核心的运作模式、以资产管理为基础的模式，以及依托于战略协作的集团模式

文化旅游行业的集团化可以根据其构建策略分为几种主要形态：以资本为核心的运作模式、以资产管理为基础的模式，以及依托于战略协作的集团模式。

以资本为核心的运作模式中，文化和旅游领域的企业利用其经营成果和财务能力，在资本市场上进行活动，如发行股份、实施并购、参与交叉持股和进行资产整合等，形成了一个以资本关系为连接纽带的企业群体。

资产管理模式下的集团则是在企业逐步积累经营成果的基础上逐渐成形的。这类集团通常会在不同地区设立分公司和销售网点，通过统一的管理和经营策略，构建一个拥有清晰产权结构的文化旅游企业网络。

而基于战略协作的集团，则是与其他企业形成了优势互补和利益共享的灵活联盟。这种联盟可通过合资、合作协议等形式实现，它为文化旅游领域的发展提供了一种灵活且有效的扩展方式。

3. 横向一体化旅游集团和纵向一体化旅游集团

在文化和旅游产业的发展策略中，根据集团化的方向和目标，旅游集团可归类为横向或纵向一体化。

横向一体化主要侧重于同一产业领域内的企业之间的合并或投资，以文化或旅游企业为出发点，扩展其业务范围至其他同类型企业，形成覆盖广泛的业务网络。此策略的主要目标是分散经营风险，并通过整合相似或互补的业务来增强市场竞争力。

纵向一体化则关注整合文化旅游产业链上下游的不同业务环节，通过整合从原材料供应到最终消费者的全过程，构建一个从生产到销售的完整产业链。这种模式旨在优化内部管理，提升运营效率，通过控制更多的供应链环节来增强市场控制力，扩大利润空间。纵向一体化可以进一步细分为向上游扩展的前向一体化和向下游扩展的后向一体化，分别关注供应链的上游原材料或服务供应和下游的销售或分销网络。

横向一体化通过并购和投资同行业企业来扩大业务范围和市场份额，旨在创建一个在特定领域内具有较强竞争力的企业群，而纵向一体化则通过整合产业链

的不同阶段来提升运营效率和市场响应速度，以更好地控制成本和提高产品或服务的质量。这两种集团化战略各有优势，能够帮助文化旅游企业在激烈的市场竞争中保持竞争优势，实现可持续发展。

（三）文化旅游产业集团化发展路径选择

1. 加强政府引导，整合国有文化旅游企业，组建文化旅游集团

文化旅游行业向集团化模式的发展已成为市场进步的自然方向，此过程涉及企业通过股权控制、股权互持、合约协作或战略伙伴关系等手段，形成利益相关的联盟。在我国，由于市场体系尚未完全成熟，政府在推动文化旅游行业集团化方面发挥着关键作用。政府能够利用对国营文化旅游企业的改革，如实施股份化改造、直接投资、合并或指派管理等措施，快速实现对行业内其他企业的影响和控制。

政府引导这一策略的显著优点是能够有效解决行业早期发展阶段遇到的问题，如企业所有权结构不合理、资本积累不足以及地方保护主义等，从而加速行业的集团化进程。然而，这种做法也可能导致集团核心企业面临更大的经营风险，以及产权界限模糊的问题。因此，该策略的成功要素在于，一旦集团成立，政府应逐步撤回其直接控制，转而通过经济和法律等手段进行间接调控，以确保市场机制的有效运作，保障文化旅游集团能在市场经济环境中独立、健康成长。

2. 整合同类文化旅游资源，构建大型文化旅游集团

在推动文化与旅游产业深度融合的进程中，文化及旅游企业的综合实力与创新能力成为实现产业融合的关键因素。当前，依靠行政手段组建的文化旅游集团往往缺少有效的凝聚力和市场竞争力。真正能够持续发展并具备创新及竞争力的文化旅游集团需要通过市场的严格检验，结合政府支持与市场机制的优化而成长。

将相似的文化旅游资源进行有效整合，以构建大型文化旅游集团不仅能增强文化旅游资源的文化价值，还能通过资源的集成优化推动产业集团化发展的步伐。其核心在于将文化旅游资源的整合上升到产业化的层面，这不单是资源聚集的物理过程，而是应依据市场需求和文化旅游资源的特性，不断扩展资源的优势，增强文化旅游产品的市场竞争力，并深化文化元素的挖掘，从而强化产业的规模化。把握市场动向，培养具有主导地位的文化旅游企业，促进从单纯的资源展示向提供丰富文化内容的多样化产业集团转变，是实现产业集团化的重要途径。发展文化旅游产业集团，还应充分考虑地域内文化资源的特殊性和分布，以此为基础规

划产业发展方向，确保集团化进程既符合市场规律又贴近文化旅游资源的本质特征。

3.整合互补文化旅游企业，构建多元化发展的文化旅游集团

多样化成长策略最初由知名的商业策略专家伊戈尔·安索夫（Igor Ansoff）提出，他描绘了企业拓展其业务范围的四个基本路径：增长于现有市场、探索新市场、开发新产品和实行多样化策略。企业采用多样化策略主要出于两个目的：一是进入新的业务领域以寻求更多的盈利机会。二是通过分散投资不同领域以分摊风险。对于文化旅游集团而言，多样化的发展意味着基于那些具备强大核心竞争力的文化或旅游企业，应努力将这些优势拓展到新产品的创造或新市场的开发中去。

文化旅游行业的核心在于深挖文化价值，旨在结合具有高审美价值和强文化认同感的文化产业与旅游产业，推动两者的融合进程。因此，构建多元化的文化旅游集团应当着重加强文化创意、表现和传播等方面的探索和拓展，打造以文化旅游为核心、实现多方向发展的企业群体。例如，这样的集团可以利用城市郊区等拥有良好文化旅游基础设施的区域，举办各类大型且具有专业特色的商务会议、文艺表演、体育竞赛、专业论坛等活动，以此推动文化旅游行业新形态的发展，丰富其业务内容和市场范围。

4.整合相关辅助企业，构建纵向一体化文化旅游集团

纵向一体化在文化旅游领域是为了应对市场不完善和组织效率低的问题而采取的一种策略，通过这种模式，企业可以在专业分工的基础上实现规模效益，同时减少因交易规模扩大而引起的成本开销，从而在竞争中获得优势。这种一体化策略涉及将不同的产业部门通过合作关系连接起来，努力实现产业链的上下游扩展，促进不同领域内企业的共同成长。构建纵向一体化文化旅游集团有助于降低文化旅游市场的交易成本问题。文化旅游行业的特点是其跨领域的综合性，不仅包括餐饮住宿、交通、观光、购物、娱乐等，还涵盖了文艺表演和文化创意等多个方面，因此，推进文化旅游行业的纵向集团化发展需要对这些相关辅助产业进行有效整合。利用拥有国际知名度的文化旅游地标作为牵引，可以加快纵向一体化文化旅游集团的建设过程，促进文化旅游行业的整体发展和竞争力的提升。

5.加强跨区域合作，构建跨区域文化旅游集团

构建跨地域文化旅游集团是促进文化旅游业发展的关键策略，它鼓励文化旅游相关企业进行广泛合作，同时保持企业各自的独特性和自主性。通过跨区域合

作，文化旅游企业可以通过投资、合作经营、协议合作等多种方式，共同制定发展策略，推动行业前进。发展文化旅游产业集团的过程中，重视企业间的战略协同与共同进步尤为重要。建立以地域文化为核心的大型文化旅游组织不仅能够促进企业间的专业协作，还能有效避免行业内的不健康竞争和闭门造车现象，鼓励企业之间分享资源、共同承担风险，并依托各自的专长进行业务整合，以形成有力的文化旅游业竞争团体。

通过跨区域的战略伙伴合作，文化旅游集团能够迅速扩展到新的市场领域，提升管理和运营能力，增大产业影响力。这种战略联盟在资源配置上呈现互补性，能够使合作双方的优势得到充分发挥，拓展对方市场，进而有效降低运营成本。战略合作还能在管理和技术等方面实现互补，将各自分散的优势融合为集体的综合竞争力，从而促进企业的长期发展。

（四）文化旅游产业集团化发展政策建议

发展强大的文化旅游企业联合体对于该行业的变革至关重要。这需要创造一个既宽松又有序的宏观政策环境来支持文化旅游企业群的成长。统筹规划、强化行业管理架构、改革融资机制以及转变旅游相关机构的股权结构确保各项政策改革与发展战略的一致性，促进具有战略意义的文化旅游企业联合体的快速形成，从而推动文化旅游行业稳健前行。

1. 深化和创新文化与旅游管理体制改革

要推动文化与旅游产业的集团化发展，关键在于改革和更新当前的管理体制，解决一系列的问题。在我国，文化产业长期以来被视为非营利性事业，这一观念源于其传统定位。然而，随着市场经济的逐步深化和发展，文化产业的管理模式已经发生了显著变化。为了适应新的市场环境，文化产业开始从事业单位向企业模式转变，这一转变标志着文化产业在经济发展中的角色和定位正在发生深刻变化。随着这两个产业融合的趋势日益明显，市场化建设步伐加快，原有的管理体系变成了影响行业发展和繁荣的障碍。必须进一步改进和创新管理体系，确保政府与企业分离，执行政府的宏观调控职能，多样化文化旅游行业的管理方式，加快经济调整、市场监督及法律框架的完善，提升管理效率。

具体到行政管理体系的改革，需要加快政府职能的转变，实现政府与企业分离，消除文化旅游行业内的重复管理问题。政府应缩减其直接参与的业务范围，限制政府部门对文化旅游企业的直接干预，包括投资、人力资源等方面的管理，进而促进政府与企业资产关系的分离，采用创新的管理机制加强对文化旅游资源的整体规划和协调，确保各管理部门之间的有效配合和职能互补，避免管理过度或缺失。

需要改变政府的职能定位，建设服务型政府。政府在推动产业发展时，应通过制定优惠政策来激励特定区域或行业的成长。然而，这样的政策实施可能产生排挤效应，即限制了该地区或行业自身发展潜力的提升。政府资源始终有限，在促进文化旅游产业集团化的过程中应注重政策公平性，确保不仅少数企业受益，而是推动整个区域文化旅游产业向规模化、集约化方向发展。

2. 完善文化旅游产业投融资体制

当前，我国文化旅游行业中的企业面临诸多挑战，如规模较小、盈利能力不强、经济基础薄弱及管理体系不完善等问题，这些因素使得企业难以通过股票市场和债券发行等方式获得资本市场的支持。此外，由于现行政策的限制，文化旅游资产不能被用作银行贷款的抵押，导致企业在资金筹集方面遇到困难，难以通过并购、控股或参股等方式实现快速扩张。目前，文化旅游行业的产权交易机制尚未完善，直接通过产权交易达到规模化发展的成本过高，大多数企业集团的形成主要依靠内部资金积累，这导致依靠市场机制推动集团化进程的步伐变得缓慢。

为此，建议积极构建与文化旅游产业集团发展需求相匹配的金融环境。应当激励和支持主要的国有金融机构为文化旅游行业提供服务，突破传统融资模式带来的限制。同时，文化旅游行业应与金融机构深化战略合作，探索文化旅游资源的信用新模式。加强对文化旅游企业进行上市辅导的支持，鼓励采用多样化的融资方式，推动文化旅游资产的资本化发展。创建适应文化旅游行业的区域性产权交易平台，促进企业的合并与重组，加速集团化进程，有效提升文化旅游产业资本运营的效率。

3. 规范市场秩序，完善知识产权保护

当前，文化旅游行业内企业集团的创新活力和市场竞争力受到挑战，部分原因在于市场环境的不规范和知识产权保护的不充分。因此，支持企业集团发展的关键不仅在于营造有利于集团成长的市场环境、机制和制度，更在于加强法律体系的完善，确保企业的创新活动和创新成果得到有效保护。

政府应通过激励政策促进企业积极探索创新融合的路径。例如，可以设立产业融合创新奖励机制，激发企业的学习和创新动力。产业融合发展是一个分阶段的过程，在不同的发展阶段，政府和市场应扮演不同的角色。随着文化旅游行业逐渐走出融合发展的初期阶段，政府需要适时从直接参与者转变为宏观调控者，让经过融合的文化旅游产业在市场经济的自然法则下竞争、成熟和壮大。

第二节　文旅融合发展结论与展望

一、文旅融合发展对产业和企业实践的启示

（一）对产业实践的启示

文化产业和旅游产业融合是在提升产业竞争力和释放市场压力背景下产生的，本质上是产业创新过程，两大产业融合对于产业转型和结构升级都有着积极影响。因此，对于产业政策的制定者而言要做到如下几点。

推动管理体制的革新对于产业发展尤为关键。随着产业融合的不断深入及建设统一市场的需求不断增加，现有的文化与旅游管理体制需要从传统的分行业管理模式转变为更加适应市场需求的综合管理模式。

对文化和旅游行业的监管与支持政策也需要相应的更新，特别是要减少对文化行业的过度监管。文化和旅游行业天生具有融合发展的内在需求，只有减少行政干预，才能为两个行业的融合及企业的成长营造更加宽松的环境。

加强跨区域的产业规划和整合至关重要。产业发展需遵循“相互补充、相互利用、相互促进、共同繁荣”的原则，共同制定一体化的文化与旅游发展计划，优化文化旅游产业的空间布局和功能区划。

政府还需要立足于国家产业结构调整和经济社会发展的全局，制定科学的产业融合规划和标准，为不同产业间的交流与合作提供平台，进而充分促进文化和旅游产业的融合发展。同时，从系统化的视角加强合作，确保文化和旅游产业的发展规划、项目投资、政策支持、宣传营销及人才培养等方面能够互相配合，相互促进，共同探索融合发展的新途径、实践方法和市场机会。

（二）对企业实践的启示

文化产业和旅游产业相融合，其具体活动是两大产业中企业主体之间的互动，是在非线性竞争与非线性协同的作用下产生的。随着融合面的逐步变宽、融合层

次的逐步多元、融合程度的逐步加深，融合必将给文化旅游企业发展变革带来深远影响。

加深对知识产权的认识至关重要。知识产权在文化旅游行业中的应用使得产业可以基于知识元素进行创新和创造，这确保了文化旅游产业以原创内容为核心，实现了资源的有效规划和利用，促进了从依赖传统资源向依赖知识资源转变，进而提升了产业的价值链。目前，我国文化旅游产业在研发和资本链条之间存在脱节，这导致投资者难以有效掌控内容生产和资本创新，使得产业在资产管理、知识产权保护、产品服务及运营等方面存在缺陷。以知识产权为核心的资本运作模式能够引导文化旅游产业从依赖产业资源向依赖知识产权资源转变，确保产业在关键领域和重要环节保持独立的标准体系。

推动自主创新和知识产权的形成，文化旅游资本将在资源开发、内容创作、产品交易及传播等各个环节实现有效流通和转换，促进产业内部和地域间的自由互动，从而增强产业的规模化生产，提升市场竞争力。

文化产业和旅游产业融合的主体是从事文化旅游产品设计与服务的企业，其客体是融合型文化旅游产品。这就要求文化企业和旅游企业要积极从事融合型文化旅游产品的创新，而不是开展多元化经营，这才能符合文化和旅游产业融合发展的根本趋势。

科学的融合性商业模式设计是提升产业竞争力的必然选择。当前，我国文化旅游行业未能充分突破游客数量和经济效益的瓶颈主要是因为尚未建立以商业创新模式为核心的产业链发展机制。大多数文化旅游项目以单一项目为核心进行合作，缺少行业内企业之间的战略协同与互补，导致只能动员有限的产业资源，进而难以实现经济收益的最大化和业务的可持续增长。

因此寻求融合商业模式的升级是提升产业竞争力的必然选择，此外，由于产业内外环境的快速变化，文化旅游企业只有密切关注市场需求，积极进行创意和技术研发，并在融合中积极拓展文化旅游产业链的上游和下游，增强企业的融合能力，才能在融合中增强其替代效应与能力，帮助企业更好地参与竞争。

二、文旅融合发展的展望

目前，文化产业与旅游产业的融合发展迅猛，显示出两大产业融合发展的巨大潜力和广阔的市场空间，随着文化旅游产业的进一步发展、技术进步的加速以及消费需求的增加，文化产业和旅游产业融合发展会更为普遍。

未来需要积极探索的方向主要有几个方面。

第一，政府、企业与消费者在文化产业和旅游产业融合中的作用及发挥机制。

第二，文化产业和旅游产业融合对产业结构升级及产业竞争力提升的作用及发挥的机制，如何通过产业融合的方式来促进我国文化产业和旅游产业结构升级，促进我国产业转型高质量发展。

第三，文化产业和旅游产业融合对文化企业和旅游企业的影响因素有哪些，这些因素如何影响企业行为，企业发展战略如何变革才能适应文化和旅游产业融合发展大势等。

探讨文化产业与旅游产业是否能达到深度融合的融合化状态是一个值得深入研究的问题。虽然从表面上看，融合与融合化的区别似乎不大，但在实质上，两者所指涉的深度和广度有着明显差异。融合可能仅指两个行业在某些方面的简单结合，而融合化则意味着这种结合已经上升为一种全新的、不可分割的产业形态。

对于我国的文化产业和旅游产业来说，虽然融合发展的必要性毋庸置疑，但是否能够达到融合化的高级阶段，还需要更多的实证研究和理论探讨。当前，文化与旅游的融合尽管已有一定基础，但实际发展水平与预期目标之间仍存在不小的差距，面临的外部环境挑战和内部结构调整问题均不容忽视。

文化产业与旅游产业的深度融合不仅是产业发展的自然趋势，也是推动产业升级和经济增长的潜在动力。然而，实现这一战略目标确实需要时间的积累和持续的努力，涉及政策支持、市场环境优化、产业创新能力提升等多方面的系统工作。

事实上，我国文化产业和旅游产业的融合发展具有巨大的潜力和优势。文化产业作为我国新兴产业之一，具有创意丰富、产业链长、就业容量大等特点，而旅游产业则是我国重要的服务业领域，具有广泛的消费市场和强大的拉动经济增长的能力。两者相互融合不仅可以实现产业链的延伸和拓展，还可以促进区域经济发展和产业结构优化。

然而，要实现文化产业和旅游产业的深度融合，还需克服一系列难题。

首先，从外部环境来看，政策支持、市场环境和文化氛围等方面仍有待进一步完善。政府部门需要出台更多有针对性的政策措施以降低行业壁垒，促进资源优化配置。同时，各级政府应加大对文化产业和旅游产业融合发展的资金投入，为相关企业提供有力支持。

其次，从内部机制来看，文化产业和旅游产业在融合发展过程中，企业之间缺乏有效的合作机制，导致资源无法充分利用。因此，有必要搭建合作平台，鼓励企业间的技术创新、人才培养和市场拓展等方面的合作，以提高整体竞争力。此外，加强产业链上下游企业的关联度，推动产业链向高端发展，也是实现文化产业和旅游产业融合发展的重要途径。

再次，提升文化产业和旅游产业的融合发展水平，还需要注重人才培养和科技创新。为此，政府部门和企业应加大对人才培养的投入，培养一批熟悉文化产业和旅游产业的专业人才。同时，鼓励企业与高校、科研机构合作，进行技术研发和产品创新，以提高产业附加值。

最后，加强文化产业和旅游产业的宣传推广，提升国内外市场知名度，也是推动产业融合发展的重要手段。政府部门和企业应充分利用各类媒体资源，开展线上、线下相结合的宣传活动，提升产业品牌形象。同时，要发挥互联网＋的优势，创新营销模式，拓展市场渠道，进一步提高文化产业和旅游产业的竞争力。

总之，我国文化产业和旅游产业融合发展任重道远。在认识到现有问题和挑战的基础上，全社会应共同努力，创造有利的外部环境，完善内部机制，加强人才培养和科技创新，提升产业品牌形象，促进我国文化产业和旅游产业的融合发展达到更高水平，推动两个行业实现高质量发展。这不仅要求在数量增长的基础上更加注重质的提升，也意味着需要通过创新驱动、结构优化提高服务质量和效率，加强文化旅游产品的国际竞争力，为我国经济社会发展做出更大贡献。因此，密切关注文化产业和旅游产业融合发展的动力、动向和障碍将成为必要之举。近年来，我国在文旅产业方面做出了一些成绩，但根据文化产业和旅游产业融合现象，需总结和抽象出文化产业和旅游产业融合理论，努力推动文旅融合发展之路。

参考文献

[1] 阮可 . 文旅融合的基层实践 [M]. 杭州：浙江大学出版社，2020.

[2] 袁建伟，张恬，叶文静，等 . 文旅融合产业区域发展创新与绍兴东亚文化之都研究 [M]. 杭州：浙江工商大学出版社，2023.

[3] 黄晓辉，刘玉恒，刘小波 . 文旅融合 [M]. 北京：中国建筑工业出版社，2018.

[4] 苏航，刘小妹 . 红色文旅融合的规划探索与实践 [M]. 北京：中国建筑工业出版社，2021.

[5] 潘丽丽 . 文旅融合：理论探索与浙江产业发展实践 [M]. 杭州：浙江工商大学出版社，2021.

[6] 庞学铨 . 国际文旅融合示范案例研究 [M]. 成都：四川人民出版社，2020.

[7] 孙亚辉 . 文化旅游产业的研究 [M]. 天津：天津科学技术出版社，2017.

[8] 窦开龙 . 西北地区民族文化旅游产业发展模式研究 [M]. 兰州：甘肃文化出版社，2015.

[9] 孙丽坤 . 民族地区文化旅游产业可持续发展理论与案例 [M]. 北京：中国环境科学出版社，2011.

[10] 尹华光，姚云贵，熊隆友 . 旅游产业与文化产业融合发展研究 [M]. 北京：中国书籍出版社，2017.

[11] 于登玺 . 大连市文旅产业融合创新发展价值意蕴与实践路径 [J]. 海峡科技与产业，2023，36（10）：77−81.

[12] 陈瑶 . 乡村振兴背景下文旅产业融合发展的实践路径 [J]. 产业创新研究，2023（13）：112−114.

[13] 陈曦 . 新发展格局下文旅产业高质量发展的实践与思考：以哈尔滨为例 [J]. 哈尔滨学院学报，2023，44（6）：24–27.

[14] 桂峰兰，韩芳 . 文旅产业高质量发展的现实困境及实践路径 [J]. 党政干部学刊，2023（6）：61–66.

[15] 刘文祥，薛莹 . 航空文旅产业融合发展路径的实践探索研究：以寿昌航空小镇为例 [J]. 海峡科技与产业，2023，36（4）：48–52.

[16] 张琪 . 文旅融合背景下苏州黎里镇的文旅产业规划实践研究 [J]. 新疆艺术（汉文），2022（3）：104–109.

[17] 芦人静，余日季 . 数字化助力乡村文旅产业融合创新发展的价值意蕴与实践路径 [J]. 南京社会科学，2022（5）：152–158.

[18] 刘丽妍 . 乡村振兴背景下区域文旅产业实践：以袁家村为例 [J]. 经济研究导刊，2021（16）：57–59.

[19] 邱明丰，詹颖，苏东来 ."西南文旅港"文旅产业发展研究 [J]. 四川省干部函授学院学报，2021（1）：5–15.

[20] 熊正贤 . 文旅融合的特征分析与实践路径研究：以重庆涪陵为例 [J]. 长江师范学院学报，2017，33（6）：38–45.

[21] 于鸿洋 . 庄河市仙人洞镇文旅产业融合发展现状与对策研究 [D]. 大连：大连海洋大学，2023.

[22] 周忆来 . 文成县文旅产业融合发展研究 [D]. 桂林：广西师范大学，2022.

[23] 左大正 . 沈阳文旅产业深度融合研究 [D]. 沈阳：鲁迅美术学院，2021.

[24] 祁海富 . 基于产业融合视角下西藏文化旅游产业的发展研究 [D]. 拉萨：西藏大学，2021.

[25] 林敏 . 长江经济带文旅产业融合发展研究 [D]. 南充：西华师范大学，2021.

[26] 泽仁华珍 . 红原县文旅产业高质量融合发展研究 [D]. 成都：西南民族大学，2021.

[27] 金伟胜 . 基于扎根理论的杭州文旅产业发展研究 [D]. 杭州：浙江传媒学院，2020.

[28] 刘凤．新型城镇化背景下文化产业与旅游产业融合发展研究 [D]. 长沙：湖南师范大学，2019.

[29] 李爽爽．西北地区文旅产业融合发展研究 [D]. 大连：东北财经大学，2017.

[30] 鲁明月．产业融合背景下的文化旅游产业发展研究 [D]. 武汉：中南民族大学，2013.